História da beleza no Brasil

Proibida a reprodução total ou parcial em qualquer mídia
sem a autorização escrita da editora.
Os infratores estão sujeitos às penas da lei.

A Editora não é responsável pelo conteúdo deste livro.
A Autora conhece os fatos narrados, pelos quais é responsável,
assim como se responsabiliza pelos juízos emitidos.

Consulte nosso catálogo completo e últimos lançamentos em **www.editoracontexto.com.br**.

Denise Bernuzzi
de Sant'Anna

História da
BELEZA
no Brasil

Copyright © 2014 da Autora

Todos os direitos desta edição reservados à
Editora Contexto (Editora Pinsky Ltda.)

Capa, projeto gráfico e diagramação
A Máquina de Ideias / Sergio Kon

Coordenação de texto
Carla Bassanezi Pinsky

Preparação de textos
Lilian Aquino

Revisão
Tatiana Borges Malheiro

Dados Internacionais de Catalogação na Publicação (CIP)
(Câmara Brasileira do Livro, SP, Brasil)

Sant'Anna, Denise Bernuzzi de
História da beleza no Brasil / Denise Bernuzzi de Sant'Anna. –
1. ed., 2ª reimpressão. – São Paulo : Contexto, 2025.

ISBN 978-85-7244-879-6

1. Aparência pessoal 2. Beleza – Cuidados
3. Beleza pessoal – História I. Título.

14-08595   CDD-646.70981

Índice para catálogo sistemático:
1. Brasil : Beleza pessoal : História   646.70981

2025

EDITORA CONTEXTO
Diretor editorial: *Jaime Pinsky*

Rua Dr. José Elias, 520 – Alto da Lapa
05083-030 – São Paulo – SP
PABX: (11) 3832 5838
contato@editoracontexto.com.br
www.editoracontexto.com.br

Para José Luís,
com amor

Este livro é baseado no doutorado que defendi em junho de 1994,
na Universidade de Paris VII, sob a orientação da professora Michelle Perrot.
Sou grata ao CNPq por ter me concedido a bolsa de doutorado
e por todo o apoio em minhas pesquisas posteriores
sobre a história do corpo.

Apresentação 8

Introdução 12

Sumário

1. Artifícios para a formosura

Beleza provisória, 18 ▲ Barbas tingidas, mocidade e garbo, 24 ▲ Feios de doer, 30 ▲ Modernices com atrasos, 38 ▲ Mentir a idade, 42 ▲ "Vênus do asfalto", 47 ▲ A beleza espiritual e o *"it"*, 51 ▲ O direito ao corpo, um grande suspeito, 54 ▲ A preguiça dos órgãos e a beleza da agilidade, 58 ▲ O sonho da beleza helênica, 61 ▲ O homem belo, 66 ▲ Feinhos sedutores, 72 ▲ A brancura da pele e a lisura dos cabelos, 75

2. "Só é feio quem quer"

Por que sofrer?, 82 ▲ Limpas, escovadas e vigilantes, 90 ▲ Homem tolo e mulher dissimulada, 96 ▲ As curvilíneas e os buchos, 99 ▲ Coisas de mulher, 102 ▲ Homens respeitáveis e jovens transviados, 105 ▲ Quando a birutice é bela, 109 ▲ Do glamour ao *sex appeal*, 113 ▲ Cosméticos independentes do cosmos, 118

3. O direito à beleza

O jovem que rebola e desbunda, 122 ▲ Toucas, espinhas e Coppertone, 125 ▲ Amar a si mesmo e viver "sem grilos", 132 ▲ "Tudo beleza", 138 ▲ Beleza rebelde, 141 ▲ Celulite, intoxicação e estresse, 146

4. Reino e ruína do corpo

Homens sensíveis e mulheres feras, 150 ▲ Beleza esportiva, 157 ▲ Das *tops* às bonecas vivas, 162 ▲ Passar o corpo a limpo, 165 ▲ Beleza bombástica, 175 ▲ Empresários da própria aparência, 181

5. Espiar o tempo   186

Créditos das Imagens   191
Notas   192

Há séculos, a beleza distingue e desperta invejas. Ela tem o poder de excitar multidões, inspirar o amor, enriquecer ou

Apresentação

arruinar pessoas. A beleza é um trunfo de quem a possui, um objetivo dos que não se consideram belos, um instrumento de poder, uma moeda de troca em diferentes sociedades. Para se tornar belos, muitos se submetem a cirurgias, pintam partes do corpo, tiram ou recolocam pelos e cabelos. E aqui, no Brasil, isso não é diferente. Faltava uma obra de História que sistematizasse os artifícios utilizados por brasileiros e brasileiras para se tornarem mais belos, segundo critérios pessoais determinados por diferentes realidades temporais, geográficas e sociais. Agora essa obra não falta mais.

História da beleza no Brasil narra os esforços masculinos e femininos para se tornar belo. Desde o garbo e a elegância nos primeiros anos da República até a atual banalização das cirurgias plásticas, o livro trata das transformações ligadas aos padrões estéticos e aos cuidados com o corpo, mas também do martírio causado pela feiura e da tumultuada luta para driblar o envelhecimento, a solidão e o fracasso.

Ao longo dos capítulos, é possível perceber o quanto o embelezamento deixou de ser um tema supérfluo e um recurso extraordinário para figurar como um assunto sério, dando lugar ao nascimento da cosmetologia, da medicina estética e de profissionais especializados em combinar rejuvenescimento e autoestima.

Com o tempo, beleza passou a ser uma preocupação bem-vista e comum, para homens e mulheres, homossexuais e heterossexuais, jovens e idosos, gordos e magros, ricos e pobres. O último século foi uma época áurea para essas transformações. Especialmente a partir dos anos 1950, o embelezamento se transformou em *gênero de primeira necessidade*, uma megaindústria que reúne alimentação, cosmética, saúde e atividades esportivas. Conforme o livro mostra, a imprensa, o cinema e a televisão ajudaram a criar uma aura positiva para aqueles que aprenderam a gostar do próprio corpo: do *"it"* divulgado pelos astros nos anos 1920 ao *"sex appeal"* das "gatinhas" dos anos 1960 e 1970, passando pelo "encanto floral" dos "brotinhos" dos Anos Dourados, mudaram não apenas as medidas corporais, as cores dos cabelos, em suma, as modas e as aparências. Houve, igualmente, uma mudança profunda nos comportamentos, na sexualidade, nas noções de virilidade e feminilidade e, ainda, nas expectativas diante do papel social dos homens e das mulheres. Houve, enfim, a transformação do corpo em algo tão ou mais importante do que outrora já fora a alma.

Magnificamente bem escrito pela historiadora Denise Sant'Anna, *História da beleza no Brasil* mostra como os cuidados com a aparência física são hoje um espelho, revelador, surpre-endente, dos sonhos, mas também dos mais secretos temores fomentados pela cultura contemporânea.

Os Editores

Em 1900, o primeiro número da *Revista da Semana* publicou um artigo sobre como seria o Brasil cem anos mais tarde. O

Introdução

autor chamava-se Urbano Duarte, um cronista que imaginou o Rio de Janeiro com avenidas de fazer inveja à magnífica Champs-Élysées. Ele escreveu que, em 2000, a rua do Ouvidor seria um "vasto e belíssimo boulevard", ladeado por admiráveis construções, cafés com varandas e armazéns de modas "à feição do Bon Marché". Ainda existiriam gatunos, falsificadores e endividados, pois o progresso moral, admitiu o autor, é sempre lento e difícil. Em compensação, os brasileiros não sofreriam mais de tuberculose nem seriam aterrorizados pela febre amarela.

Segundo o cronista, as moças do futuro também dariam motivo a elogios, pois todas saberiam "pisar com mais elegância e falar com mais correção".[1] Para a geração de Duarte, o andar e a prosa das mulheres eram muito importantes: enfeava-as definitivamente ou, ao contrário, dava-lhes graça e formosura.

Duarte não foi o único homem letrado daquela época a escrever ficções desse tipo. Muitos dos progressos desejados tendiam a seguir as tendências burguesas e parisienses, a primar pelo que entendiam ser o refinamento das aparências e dos costumes. Difícil encontrar naquelas previsões a atual imagem de jovens, para além das cariocas, vestidas com roupas esportivas, ao lado de homens consumidores de cosméticos cujas fórmulas seriam inimagináveis em 1900. Mais improvável ainda seria vislumbrar as praias brasileiras em 2000, repletas de pessoas quase nuas expostas ao sol. Pensar que as cidades teriam várias academias de ginástica e clínicas para o rejuvenescimento especializadas em cirurgia plástica seria algo tão difícil para Duarte quanto acreditar que uma cidade como Brasília viria a ser a capital do Brasil.

Para o leitor atual, também não é fácil realizar o exercício contrário, de reconstruir o passado. Há documentos que ajudam a limitar os devaneios do presente, transformando uma parte da ficção em história. Mesmo assim, não é totalmente evidente perceber todos os significados daquilo que a geração de Duarte chamava de "arte da belleza". Principalmente quando se dizia que a dita arte *disfarçava* a ausência de graça daquelas moças que, nas palavras do cronista, "careciam de elegância".

Beleza escrevia-se principalmente no feminino. No raiar do século xx, a arte de ser bonita se fazia "com quasi nada", mas dependia da boa escolha de vestidos, cujos tons precisavam combinar com os cabelos e a cútis de cada mulher. Era preciso zelar pelo bom estado dos calçados e ser faceira, lembrando que "em casa (e só em casa)", poder-se-ia deixar "entrevêr um braço claro e bem torneado, de que a manga, mais ou menos curta, revela o necessário para ser tentador sem chegar a indiscrição". A faceirice definia-se por uma delicada habilidade para "esconder o que fosse feio e realçar o agradável".[2] O embelezamento tendia a se limitar à indumentária, ao uso de alguns produtos para o rosto e os cabelos.

Por isso, se este livro fosse escrito em 1900, o guarda-roupa e a penteadeira ocupariam o centro das atenções. Beleza rimava com trajes bem engomados, sapatos de couro e alguns adereços. Era de bom tom caprichar no penteado e no comedimento dos gestos. Já existia a preocupação com o volume corporal e o viço da pele, mas os tratamentos para a formosura ainda prendiam-se a uma boa dose de cerimônia, ao aprumo de uma silhueta ereta, pouco flexível quando comparada com os corpos esportivos da atualidade.

Mesmo quando o cinema divulgou os lábios e olhos pintados da atriz norte-americana Theda Bara, acreditava-se que a maquiagem denotava um caráter artificial, sugerindo uma moral duvidosa. Conforme um ditado antigo, "mulher de má pinta é a que mais a cara pinta". Fora dos círculos artísticos e dos meios de má fama, os artifícios embelezadores eram relíquias guardadas em caixinhas de metal, ao lado de vidros de perfume que decoravam as penteadeiras. O uso de pó facial mantinha-se mais extraordinário do que cotidiano, uma experiência permitida desde que as devidas restrições de idade e ocasião fossem respeitadas.

Os homens apareciam com pouca frequência nos conselhos de beleza. Mas seria errôneo supor que eles não se preocupavam com a própria aparência. Cuidar da barba e do bigode, por exemplo, era tão importante quanto a escolha de um chapéu apropriado e a manutenção da limpeza dos calçados. Muita atenção ao jeito de andar, pois este denotava macheza, força e distinção, ou então o contrário. Pomadas para os cabelos e loções perfumadas também agradavam inúmeros mancebos ciosos de um porte firme e forte.

Homens como Duarte dificilmente imaginariam o quanto a segunda metade do século xx seria pródiga em mudanças nos cuidados com o corpo. Embelezar-se deixou de ser um tema secundário na imprensa. Conquistou seriedade, integrou amplamente a publicidade de milhares de produtos e serviços, desde cosméticos e alimentos até academias de ginástica e clubes de lazer. Os produtos para embelezar extrapolaram os limites das antigas penteadeiras, ganharam o espaço dos banheiros, o interior das bolsas femininas e masculinas, as prateleiras dos supermercados e das farmácias, os salões de cabeleireiros, os porta-luvas dos automóveis e as clínicas de rejuvenescimento. Beleza transformou-se num tema ambicioso e vasto, exigindo cuidados rigorosos para além das partes físicas mais expostas ao olhar alheio. Das sobrancelhas à genitália, tudo no corpo tornou-se objeto de embelezamento diário. E mais. Os próprios produtos evoluíram. Após a década de 1950, sobretudo, inúmeros cremes de beleza podiam contar com uma publicidade espetacular sobre suas supostas capacidades de agir nas profundezas da epiderme, restituir o colágeno, hidratar, rejuvenescer de dentro para fora e, ainda, ser prático, perfumado, agradável ao toque e extremamente discreto. Como resistir?

Hoje, portanto, beleza implica a aquisição de supostas maravilhas em forma de cosméticos, mas também o consumo de medicamentos, a disciplina alimentar e a atividade física. Beleza é, igualmente, submissão a cirurgias, aquisição de prazer acompanhado por despesas significativas, de tempo e dinheiro.

Há primeiramente uma razão óbvia para tamanha expansão: trata-se da importância inegável da aparência física no mundo contemporâneo. O desenvolvimento da publicidade, do cinema e da televisão também contribuiu para afirmar o gosto pelo embelezamento do corpo em qualquer ocasião e em todos os lugares. Em seguida, há uma razão incontornável: desde que se acreditou que "feiura vende mal", o peso da beleza na economia internacional cresceu de modo inusitado. O Brasil conquistou um lugar de destaque nesse lucrativo negócio, tornando-se um dos campeões no *ranking* mundial de cirurgias plásticas, no consumo de cosméticos e moderadores de apetite. Basta uma consulta à imprensa e às estatísticas de diferentes órgãos de pesquisa para comprovar: entre os brasileiros de diversas classes sociais e regiões do país, o embelezamento virou um gigantesco e lucrativo negócio, envolvendo o fim de vários limites entre o que está fora e o que está dentro da pele. Impossível, portanto, supor que esse fenômeno tenha uma importância menor na construção da história contemporânea.

Conforme será visto neste livro, a transformação do embelezamento em *gênero de primeira necessidade* marcou profundamente o século XX. Foi quando ornamentar-se deixou de ser um gesto moralmente suspeito ou típico de uma minoria mundana para se transformar em direito de pobres e ricos, jovens e idosos. Misturado ao milenar sonho de rejuvenescer, o embelezamento virou uma prova de amor por si mesmo e pela vida – não somente um dever, mas um merecido prazer; não simplesmente um truque para ser amado, mas uma técnica para se sentir adequado, limpo e decente. E, ainda, a história do embelezamento habita zonas do imaginário ligadas à milenar vontade de se livrar da doença e escapar da morte. Trata-se, portanto, de um tema revelador das maneiras de lidar com coisas consideradas tão supérfluas quanto essenciais, tanto belas quanto feias.

Para compreender a complexidade desse tema, nada melhor do que a comparação histórica e uma paciente análise documental. Jornais, revistas, manuais de elegância e beleza, anúncios publicitários, textos médicos, literários, entre outros documentos, integraram uma pesquisa de quase 20 anos, que originou este livro. Primeiro, a análise dos documentos evidenciou o que já se sabe: há séculos a conquista da beleza martiriza e entusiasma multidões, faz a ruína e a riqueza de inúmeras pessoas, cria e destrói profissões, desperta invejas, assim como inspira a generosidade e o amor. A antiga frase "a beleza está para a mulher assim como a força compete aos homens" confirma o clichê segundo o qual, em tempos de paz, as moças cuidam da pele e os homens zelam por sua musculatura. Para ambos, há uma parte de satisfação pessoal envolvida no trabalho embelezador. Por isso, este livro também é uma tentativa de entender a aliança nem sempre visível entre prazeres e sofrimentos, direitos e deveres, pudores antigos e intolerâncias recentes.

Há, enfim, um vínculo pouco evidente, entre o dever da beleza e a invenção de cuidados com a aparência que escapam de sua previsibilidade. Isso porque os apelos favoráveis a cuidar do corpo não são ouvidos nem interpretados de modo uniforme. Todavia, diferentemente do tempo em que as anquinhas que armavam as saias eram retiradas na hora de dormir, a beleza conquistada por meio das cirurgias plásticas se quer permanente e natural.

Essa mudança não teve efeitos apenas dentro dos orçamentos femininos. Ela complicou as maneiras de ver e examinar a própria imagem, ampliando o direito de intervir no desenho dos corpos. Liberdade sedutora esta de reinventar, com a ajuda da ciência e da técnica, as formas daquilo que já foi considerado a morada da alma, a sede do pecado, o sustentáculo da vida. O último século foi um momento áureo na construção dessa liberdade. É a sua trajetória, repleta de ousadias e temores, que este livro tenta elucidar.

I

Beleza provisória

⌐Artifícios para a formosura⌐

A busca da beleza possui uma história rica em invenções: o primeiro creme em pote condicionado industrialmente foi fabricado pelos ingleses e se chamava Simon. Isso ocorreu em 1860, mesmo ano em que Eugène Rimmel lançou uma máscara para pintar os cílios. Na década seguinte, os ingleses inventaram o xampu, graças à mistura de um sabão negro com cristais de soda, e em 1897, a empresa japonesa Sisheido criou uma loção embelezadora do rosto com o nome ocidental de Eudermine.[1] Também existiram charlatanices, tais como a venda de fórmulas embelezadoras com ingredientes maléficos à saúde ou simplesmente inócuos.[2]

No Brasil, antes da proclamação da República, a beleza já era vendida em forma de pós, perucas, perfumes, além de roupas e joias. Os alfaiates existiam desde o século XVI e também serviam como cabeleireiros.[3] As costureiras formavam um ofício feminino importante, e suas clientes compravam os tecidos em lojas de fazendas e armarinhos localizados, em geral, na parte central das cidades. Mais tarde, quando apareceram as revistas ilustradas, alguns desses estabelecimentos comerciais foram anunciados pela propaganda impressa, assim como a venda de loções perfumadas para a pele, sabonetes e tinturas.

A difusão das fotografias acentuou a importância da aparência física, enquanto a paulatina banalização dos espelhos fez da contemplação de si mesmo uma necessidade diária, apurando o apreço e também o desgosto pela própria silhueta. A imprensa divulgava alguns artigos sobre "a belleza",

Ver-se no espelho ganhou o aspecto de um diagnóstico, pronto para ensaiar mudanças prometidas pela propaganda cosmética e de cirurgias plásticas.

contribuindo para que os leitores pensassem a respeito de seus dotes físicos e aprendessem a valorizá-los.

Seria, portanto, errôneo supor que as preocupações com o embelezamento contavam pouco para os homens e as mulheres do passado. Basta lembrar que, no começo da era republicana, os ardores da moda desencadeavam tormentos memoráveis aos brasileiros abastados, pois nem sempre era fácil adaptar os modismos europeus ao clima tropical. O verão escaldante de 1908, por exemplo, representou um problema para as senhoras ciosas de seus penteados complicados e vestidos de tecidos grossos. Segundo observadores da época, "podia-se ver em cada face feminina os sulcos de pós empastados, uma verdadeira carta fluvial". Não havia chique resistente à tamanha fornalha.[4] Mas os homens também penavam: barbas e bigodes, roupas e calçados fechados não combinavam com o calor e a umidade dos trópicos. Em várias regiões do país, enfeitar-se devia ser um gesto comedido; caso contrário, corria-se o risco de enfear qualquer beldade. Em Curitiba, por exemplo, havia quem torcesse o nariz diante das senhoras que exageravam no uso do pó de arroz.[5]

Desde 1820, alguns comerciantes franceses se estabeleceram no Rio de Janeiro. Artigos importados da Europa eram vendidos na rua do Ouvidor. Blusas, camisas, flores e livros podiam ser encontrados em lojas com nomes franceses, tais como Tour Eiffel, Palais Royal e l'Opéra.[6] Havia ainda a possibilidade de escolher produtos importados consultando os catálogos de grandes lojas europeias. Vários cariocas se arrumavam com esmero para passear naquela rua comercial, exibiam ricas bengalas e delicadas lunetas, torciam o bigode, mantinham-se atentos às novidades. Alguns mancebos metiam-se em espartilhos e abusavam dos alfinetes adornados.[7] Havia quem consultasse o catálogo da loja francesa Printemps, chegando a encomendar tecidos e roupas íntimas de Paris. O luxo dos produtos europeus delineava a beleza julgada prestigiosa.[8] A influência da moda francesa marcava o vestuário e o penteado das jovens pertencentes às famílias ricas.[9] Em diversos romances de Machado de Assis, aparecem personagens portando joias e chapéus: a senhora Cláudia, do romance *Esaú e Jacó*, acreditava que o chapéu denotava as maneiras e a cultura de quem o utilizasse.[10] Para os homens, os chapéus e as gravatas inglesas, os monóculos e os perfumes franceses, os lenços portugueses, os sapatos italianos e os charutos cubanos foram alguns dos produtos constituintes da aliança entre refinamento e modernidade.

Na cidade de São Paulo, fazia sucesso a venda de "pós de arroz, perfumes inglezes, água de colônia e sabonetes considerados extra finos".[11] No centro da capital paulista, a Casa Garraux importava de Paris "milhares de objectos do mais exquisito gosto", entre eles, produtos para ornamentar as mulheres.[12] Em 1865, já existiam modistas francesas situadas no centro urbano, mas havia quem desconfiasse que elas fossem francesas apenas no nome.[13] A partir da década de 1870, aumentou sensivelmente o número de pedidos para alvarás destinados à abertura de casas comerciais na capital paulista e, entre elas, destacavam-se "as casas de cabelleireiro e perfumarias".[14] Em 1872, quando houve a inauguração dos lampiões a gás, vários anúncios sobre a venda de perfumes franceses e sabonetes aromatizados marcaram presença nos jornais. Antes disso, já havia um "cabelleireiro francez" no centro de São Paulo, que atendia mulheres de maiores recursos econômicos.[15] As famílias abastadas possuíam banheiras em suas residências e, principalmente, lavatórios com espelho e tampo de mármore.[16]

O prestígio dos produtos nacionais e das receitas caseiras não era necessariamente abalado pelas influências estrangeiras. Na pequena São Paulo imperial, dona Teresa Alfaque, por exemplo, conhecida por sinhá Teresa Paneleira, vendedora de panelas de barro, era famosa por fabricar uma banha para o cabelo "muito procurada pelas moças e mesmo pelas senhoras idosas". Na década de 1870, uma porção daquela banha perfumada era vendida por vinte réis e dotava os cabelos de brilho e aspecto cuidado.[17] Para ambos os sexos, cabelo belo devia ser "lustroso", especialmente em *soirées*, envoltas pela luz das velas: essa iluminação permitia que os cabelos untados reluzissem. Sua lavagem não possuía a assiduidade hoje conhecida. Muitas mulheres mantinham as madeixas presas em forma de coques, retidos com dezenas de grampos. Os cabelos eram libertados na penumbra do quarto de dormir. Em público, ainda era indecente ou demasiadamente infantil mostrar os longos cabelos livres de amarras.

As receitas caseiras para embelezar a pele e lustrar os cabelos eram numerosas. Na outra extremidade do corpo, os pés femininos podiam abrir um horizonte rico de poemas e elogios dos senhores mais românticos. O farfalhar das saias das jovens soava-lhes como uma doce melodia. Muitos vestidos mal conseguiam deixar os tornozelos à mostra, por isso, os pés das mulheres, mesmo quando envoltos por botinas de couro, insinuavam o começo e o fim do corpo desejado. Também era possível conhecer os níveis de rusticidade ou refinamento por meio das mãos e dos pés: calejados, com dedos esparramados ou alongados, provavam o lugar social de cada indivíduo, revelavam sua força ou fragilidade. Os calos eram um problema comum, especialmente entre os senhores que usavam botinas apertadas e percorriam longas distâncias a pé. Os anúncios de remédios para curá-los marcaram a propaganda brasileira desde seus primórdios.

ARTIFÍCIOS PARA A FORMOSURA

"Idade de ouro do privado",[18] muito já foi escrito sobre o quanto o século XIX beneficiou-se de uma confiança crescente atribuída ao corpo limpo e saudável. No Brasil, contudo, o gosto em cuidar do corpo, assim como a construção de uma privacidade de inspiração burguesa, teve matizes próprios. Mesmo nas grandes cidades, a água encanada manteve-se durante muito tempo um benefício de poucos, e não um conforto para muitos; os espartilhos, outro exemplo, antes de serem reduzidos à forma brasileira das "cinturitas", continuaram a apertar alguns ventres femininos em plena voga dos sofás macios e das almofadas solidárias às posturas flexíveis. Durante anos, o sentimento de "estar à vontade" careceu dos charmes atuais. Tendia a ser um atestado de excentricidade, quando não de doença. Uma aparência descontraída não era reconhecida como sedutora, podendo denotar desleixo ou indesejada rusticidade. A contração da postura (e isso valia para várias idades e ambos os sexos) indicava elegância e primor.

Mas a prova da beleza oferecida por homens e mulheres tendia a se limitar às roupas, aos calçados e aos adereços, podendo ser confirmada pela sinuosidade de uma silhueta cujo garbo dependia de pudores hoje esquecidos. A velhice chegava cedo e era denunciada especialmente pelas partes altas do corpo. O rosto, os cabelos, o pescoço e o colo femininos concentravam os indícios da beleza ou a sua falta. Assim, para melhorar o aspecto da face, as receitas caseiras abarcavam desde pastas feitas com pepino, morango e alface, até o uso de "pós de arroz falsificados".[19] As sardas podiam ser tratadas lavando diariamente o rosto com a água que limpava o arroz. Ou, então, havia a seguinte receita: juntar "4 onças de agua de chuva, 2 onças de leite, um pouco de sumo de uva verde, 1 onça de incenso pulverisado, 1/4 de onça de clara de ovo, misturar tudo e esfregar as sardas com este preparado, antes de deitar".[20]

As receitas caseiras sugeriam um saber transmitido pelas gerações, afinado com a vida rural e o conhecimento de diferentes plantas. Mas os artifícios não eram poucos, sobretudo nas grandes cidades, locais de exposição privilegiada da aparência física. O pó de toucador "impalpavel, adherente e invisivel" chamado de Veloutine, importado de Paris, era apenas um entre os diversos produtos que vendiam a ideia de sofisticação.[21] Mesmo antes disso, em meados do século xix, José de Alencar escreveu que "postiços de todas as qualidades" já faziam sucesso na capital do Império, embora ferissem a confiança dos homens em relação à veracidade exigida das mulheres:

> [...] imagine-se a posição desgraçada de um homem que, tendo-se casado, leva para casa uma mulher toda falsificada, e que de repente, em vez de um corpinho elegante e mimoso, e de um rostinho encantador, apresenta-lhe o desagradável aspecto de um cabide de vestidos, onde toda a casta de falsificadores pendurou um produto de sua indústria. Quando chegar o momento da decomposição deste todo mecânico – quando a cabeleira, o olho de vidro, os dentes de porcelana, o peito de algodão, as anquinhas se forem arrumando sobre o *toilette* – quem poderá avaliar a tristíssima posição dessa infeliz vítima dos progressos da indústria humana![22]

As críticas aos supostos excessos do embelezamento não são, portanto, uma especificidade da época atual. Mas, diferente desta, a beleza comprada no tempo de Alencar tendia a permanecer na superfície dos corpos. Os brasileiros estavam distantes das técnicas para a introdução de próteses no organismo, além de outras substâncias hoje utilizadas em clínicas de rejuvenescimento e consultórios médicos. Naquele tempo, ainda era possível separar a beleza artificialmente criada, retirada do corpo na hora de dormir, daquela considerada natural, um dom de Deus.

Barbas tingidas, mocidade e garbo

No mesmo ano em que a República brasileira foi proclamada, o jornal paulistano *Diário Popular* publicou um anúncio intitulado "A volta à juventude". Esse antigo sonho teria se tornado realidade graças ao Instituto Dynamodermico, situado em Paris: "em poucas sessões os orgãos, os musculos e a epiderme recuperam a firmeza perdida, a ruga desapparece e as formas do corpo voltam a sua primitiva elegancia". Por meio da eletricidade – que segundo a matéria ainda assustava os brasileiros –, o aparelho utilizado "por uma dama, sob a direção de um médico especialista", colocava a capital francesa, mais uma vez, à frente das preocupações mundiais com a aparência, mas também sugeria que os brasileiros conheciam tais novidades.[23]

Desde a década de 1880, um novo apreço pela aparência jovem ganhou espaço na propaganda impressa. Gilberto Freyre reconheceu que o período imperial havia morrido "sob as barbas brancas e nunca maculadas pela pintura do imperador D. Pedro II, ao passo que, em seu lugar, resplandeciam as barbas escuras dos jovens líderes republicanos, ávidos pelo poder".[24]

A proclamação da República teria nascido sob o signo do combate à velhice. Diferentemente da elite monarquista, o poder da mocidade republicana não era necessariamente sustentado pelos laços de sangue e pela tradição.

A valorização da juventude conquistou um espaço crescente na propaganda. Um dos primeiros anúncios de desinfetante corporal levou o nome de "Socorro da Mocidade". Em setembro de 1899, outro exemplo, o humorístico intitulado *O Rio Nu* publicou na coluna "Nu e Cru" a narrativa sobre uma massagista que supostamente podia acabar com as marcas da velhice. Segundo o texto, "felizmente não há mulheres feias no Rio de Janeiro", graças às massagens da Mme. Levy:

> Formosas senhoras, rejubilae. Vós que já tinheis passado esse terrível degrao dos *quarenta*, que já tinheis subido tudo, o agora mesmo começaveis a descer, que já descabaveis, como se diz na nossa gyria, – rejubilae e ide vos entregar ás massagens da Mme Levy.[25]

Parecia que havia chegado a solução final para os "pés de galinha" e o "medonho sorriso encalhado". No ano seguinte, um licor chamado Vermutrina foi várias vezes anunciado no jornal carioca *O Paiz*, para "fortalecer a velhice" e "reanimar o homem gasto".[26]

Falava-se ainda em melhorar o estado de saúde dos velhos, mais do que em rejuvenescê-los permanentemente. A vestimenta e os produtos de beleza diferenciavam os velhos dos moços, tanto quanto marcavam as condições sociais, rurais e urbanas.[27] Já no que se refere à

No tempo do imperador D. Pedro II, as barbas e os cabelos brancos expressavam sobriedade e demandavam respeito. Não demorou muito, porém, para que as novas tinturas fizessem sucesso entre os republicanos.

limpeza, nem sempre as modas eram favoráveis ao que se considerava um bom asseio. Na capital paulista, por exemplo, os vestidos com cauda sujavam com facilidade e ainda levavam para dentro do lar a poeira das ruas. Os vestidos redondos, sem cauda, serviam ao conforto e à praticidade pouco a pouco exigidos, de acordo com o trânsito em locais populosos e naqueles com muita poeira e lama.[28] Já os chapéus costumavam ser usados "de mil formas: uns levantados na frente, outros baixos", além daqueles com plumas e flores.[29]

No Rio de Janeiro, a busca por uma aparência física construída segundo a última moda deu lugar a uma espécie de febre consumista entre os mais abastados. As mulheres ricas eram aconselhadas a "utilizar os perfumes de famosos fabricantes ingleses", assim como cremes para clarear os dentes e sabonetes para o banho.[30] Este ainda podia ocorrer em bacias e tinas.[31] Havia o *asseio a seco*, com pouca água e a ajuda de panos embebidos em fragrâncias, usando métodos hoje em desuso: o recurso ao fumo de corda esfregado na gengiva e nos dentes para garantir beleza e asseio bucal; aguardente para desinfetar e limpar a boca; "vinagreiras", ou seja, banhos com água misturada ao vinagre, água de rosas ou infusões feitas com ervas.[32] O uso dos penicos não desapareceu repentinamente e foi preciso um certo tempo para que o ato de urinar dentro deles, nos quartos e, muitas vezes, na presença de outros membros da família, se tornasse intolerável.

O *water-close* inglês, o *bidet* francês, além dos banheiros públicos no centro das principais cidades, contribuíram para estabelecer novos pudores e solidificar os laços entre a ambição de ser moderno e os preceitos da higiene e do saneamento vigentes no começo do período republicano. Mas a diversidade nos cuidados com a aparência física imperava. É ilustrativo, a esse respeito, lembrar de costumes considerados inglórios ou típicos de alguns grupos sociais. A tatuagem, por exemplo, era comum entre as prostitutas cariocas. Segundo João do Rio, algumas pintavam sobre a face um sinal azul, uma pinta, uma "pacholice". Outras tatuavam um coração com o nome do amante em alguma parte do corpo. Caso uma delas ficasse zangada com o amado, o nome deste podia ser tatuado na sola de um dos pés.[33] Aos olhos do cronista, o Rio de Janeiro guardava seus segredos, perigos e flores raras. Talvez as mulheres com faces cobertas de pó branco, adornadas com pesados chapéus e mantendo o ventre envolto por apertados espartilhos não fossem menos exóticas do que as mulheres pobres tatuadas.

Mesmo com a emergência de modas favoráveis ao uso da maquiagem, "pintar o rosto" permaneceria um gesto duvidoso, sujeito a reprovações. Para muitas famílias da época, o carmim e o batom sugeriam o deboche. O rosto "pintado" lembrava um reboque destinado a esconder uma falha do caráter ou alguma imperfeição da alma. O espectro da "mulher fácil" permeava as desconfianças masculinas e femininas.

Ora, há séculos a higiene tendeu a ser associada à ordem e à necessidade, enquanto a maquiagem foi relacionada ao supérfluo, ao perigo de desarranjar a obra natural. No começo do século passado, considerava-se que a maquiagem era "um verniz" do rosto e este era o verdadeiro "quadro". Mas o "verniz" não tardaria a se tornar, ele também, uma imagem essencial: a propaganda dos produtos fabricados por Helena Rubinstein e Elizabeth Arden falava em nome do tratamento da pele, e não simplesmente da possibilidade de cobrir suas imperfeições. Os três gestos estéticos de limpar, tonificar e hidratar a cútis antes da maquiagem, propostos por Arden, promoviam certa liberdade para intervir no desenho facial, aproximando o embelezamento da saúde.

Enquanto isso, o mundanismo carioca revelava o charme das mulheres afeitas à beleza física com boa dose de humor e malícia: "– Preferes ser bonita ou inteligente? – Muito bonita. – Ah!... – Sim, porque há mais homens tolos do que cegos".[34]

Na capital brasileira, os admiradores da vida mundana adiantaram-se: aos seus olhos, uma mulher desprovida de "artifícios" carecia de beleza e humor. Para quem perseguia a última moda, os rostos que nunca recebiam o carmim ou os traços do lápis denotavam uma personalidade avessa às mudanças. Havia quem pensasse que as cariocas eram "figuras de marfim ou de cera, visões maceradas evadidas de um cemitério. Quando passam em bandos lembram uma procissão de cadaveres. Diz-se pelas egrejas que é peccado pintar o rosto, que Nossa Senhora não se pintava".[35]

Potentes em suscitar o sonho de ser moderno e refinado, passaportes para o mundo julgado chique, os produtos de beleza simbolizavam cosmopolitismo. Mas muitos dos modismos em voga tiveram seus críticos: em Salvador, por exemplo, segundo o livro de conselhos às mulheres de Guimarães Cova, o melhor casamento era com um mancebo distante do janotismo e da beleza.[36] Mesmo assim, já na década de 1910, o Salão Chic, situado na rua Chile da capital baiana, oferecia massagens e perfumes "dos mais afamados fabricantes".[37]

Com ou sem modismos, havia uma tendência em considerar os traços faciais harmoniosos como qualidades mais femininas do que masculinas. Em várias regiões do país, concordava-se que a beleza com algum aspecto feroz ou mesmo brutal cabia muito bem aos homens. Aliás, segundo boa parte da propaganda, as mulheres tinham rostos ou faces, mas os homens possuíam caras,

ARTIFÍCIOS PARA A FORMOSURA

e sobre estas, no lugar de deslizar um creme hidratante, o mais indicado era passar a navalha de barbear. Quando a barba era feita em casa, havia o hábito de utilizar a espuma de sabão como emoliente. Mas havia vários tipos de barba: da "passa-piolho" à "barba nevada", passando pelas grisalhas, escanhoadas nas faces, caprinas, vastas e curtas, rebeldes, ásperas ou sedosas, longas e crespas, cerradas e "largo de espaduas" ou "uma perinha no queixo" e, enfim, as tingidas em formatos diversos. A barba diferenciava os adultos dos rapazinhos muito jovens.

Já para aqueles que aderiam à elegância e à impertinência do dandismo, nem sempre a barba era bem-vinda. O pintor e fotógrafo Ernesto Quissak, por exemplo, foi um dândi conhecido por sua elegância e charme. Em algumas fotografias, seu rosto apareceu sem a barba. Nascido em Guaratinguetá, em 1891, com o nome de Ernesto Leme Barbosa, ele representou um dos ideais de beleza masculina cultuada por um pequeno grupo de jovens boêmios e românticos. A figura do dândi foi alvo de críticas por parte daqueles que o consideravam deveras "almofadinha", excessivamente vaidoso para os padrões morais da época. O dandismo permitia o uso dos cabelos cacheados, por cima da nuca, sendo mais expressivo entre os jovens letrados.

Desde o século XIX, os penteados femininos foram pouco a pouco se impondo no meio urbano, juntamente com artigos na imprensa dedicados a explicar como os cabelos deviam ser combinados com as particularidades faciais de cada mulher: "uma cabeça cuja fronte for fugitiva e o rosto um pouco comprido, requer um penteado fixo sobre a frente", enquanto os lisos destacam defeitos que devem ser escondidos.[38]

Na década de 1920, havia a propaganda de um produto para passar nos cabelos e ondulá-los chamado Crespodor.[39] Antes disso, "um cabeleireiro de Londres, descendente de alemães, chamado Nessler, produziu um dos primeiros cachos permanentes em humanos".[40] Sua técnica era complicada e dolorosa. No Brasil, alguns barbeiros atendiam homens e mulheres e realizavam ondulações com a ajuda de um pente aquecido. Na cidade paulista de Rio Preto, havia o "famoso Instituto de Belleza Marcel, gerenciado pelos profissionais do Mappin". Entre as novidades, existia uma "máquina estética" que funcionava como uma estufa elétrica para esquentar os ferros usados nas ondulações.[41]

A elegância contava com acessórios hoje pouco comuns: nos jornais, não era raro encontrar notícias de leques perdidos, seguidas da promessa de excelentes gratificações para quem os encontrasse. Saber usar um leque implicava conhecer os significados e os poderes dos gestos de abri-los e fechá-los. Havia significados distintos para leques fechados, abanados rapidamente ou lentamente. Equipamento essencial ao flerte, o seu desuso representou o esquecimento de um meio de comunicação importante no espaço público, além do abandono de gestos relacionados ao pudor e à sedução, característicos de um tempo que não é mais o nosso.

Os leques desenhavam no ar uma linguagem social a ser prolongada pela vestimenta. Entretanto, a roupa diária tinha várias funções e, entre elas, aquela de revelar os ofícios e as profissões de cada pessoa. Mas havia uma diferença significativa entre trajes dominicais e roupas de trabalho, assim como entre indumentária de meninos e meninas, jovens e velhos. O luto ainda significava uma vestimenta e um comportamento específicos, mesmo dentro do meio urbano considerado moderno. Entretanto, uma silhueta muito gorda ou um "estica" – ou seja, alguém magro ao extremo – eram considerados feios porque habitavam os extremos de uma linha imaginária cujo maior valor era o meio termo. Este era o ponto central de toda a elegância almejada.

Nos saraus do século XIX e nos centros urbanos em desenvolvimento no começo da República, dizer que alguém era elegante figurava como um elogio importantíssimo. A deselegância podia trazer sofrimentos atrozes, mesmo quando a sua definição permanecia vaga ou unicamente concentrada nas vestimentas e no porte físico.

Feios de doer

A palavra *feiura* é hoje pouco utilizada. Perdeu-se o hábito de lê-la. Entretanto, durante a primeira metade do século passado, sua

As *misses* dos anos 1920 tinham suas fotografias publicadas pela imprensa. Precisavam ser galantes e a beleza do rosto era o foco principal dos concursos.

visibilidade era relativamente comum na imprensa. Escrevia-se sobre semblantes medonhos, corpos horríveis, mirrados, raquíticos, famélicos ou então balofos e excessivamente "pançudos". Era comum dar aos feios apelidos inspirados em detalhes do corpo, utilizando um vocabulário que soa brutal ao leitor de hoje. As feias costumavam ser chamadas de narigudas, "pesudas", "bixiguentas", branquelas, encardidas, "zaroias", incluindo brancas e negras de diferentes idades. Quando havia falta de elegância, a feiura tornava-se maior. As aparências se queriam bem aprumadas e dotadas de uma desenvoltura diferente do que hoje se entende por relaxamento ou descontração.

Alvo de pilhéria ou motivo de piedade, a figura do feio era, contudo, utilíssima à propaganda de produtos para a saúde e a beleza.

E, paradoxalmente, o riso provocado pela piada diante da feiura ainda misturava alguma inocência com uma boa dose de malícia:

> É verdade que Ermelinda, aquella sujeita tão feia, teve tantos bons partidos. Pois não, muitos *partidos*… mas nenhum voltou![42]

▲ ▲ ▲

> Nao imagines como ficas feias quando ris.
> Entao é por isso que me faz chorar tao a miudo.[43]

Feias inteligentes podiam funcionar como uma compensação cheia de graça. Mas o mapa da feiura também era marcado por doenças, sem contar os casos de quem tivesse o azar de nascer com alguma deformidade. A dita desgraça tinha preferência em ser associada aos pés largos e grandes, à cabeleira mal penteada ou rala, aos olhos sem brilho ou demasiadamente pequenos.

Falar dos feios era uma distração jocosa, um exorcismo face ao problema. Mas também servia para criticar a cultura de alguns povos. Vários viajantes europeus que estiveram nos trópicos durante o século XIX comentaram as formosuras das terras visitadas, assim como as desventuras físicas de seus habitantes. Esse exercício talvez ajudasse no entendimento do lugar desconhecido e incluiu críticas ácidas a várias brasileiras, como as feitas às cariocas, por exemplo: consideradas encantadoras até os 14 anos, depois ficavam gordas e pesadas, "de andar desairoso e espalhado"; decaíam, "e aos 25 ou 30 anos pareciam velhas".[44] As habitantes de São Paulo também possuíam traços de feiura conhecidos, assim como as brasileiras de outros locais do país. É claro que tais descrições resultavam de comparações culturais, sempre relativas e determinadas no tempo e no espaço. E hoje elas sugerem que o ideal da brasileira bela nem sempre esteve presente no imaginário estrangeiro.

No começo do século passado, a propaganda insistia na possibilidade de os feios encontrarem algum consolo graças a "remédios" muito úteis.[45] Uma parte dos anúncios foi influenciada pela descontração e pelo humor vindos da propaganda francesa.[46] O laboratório Daut & Oliveira, provavelmente o maior de sua época, fabricava o remédio Saúde da Mulher e o xarope Bromil. Seus produtos foram divulgados pelo gaúcho conhecido como "homem-propaganda", João da Cunha Lyra. Os anúncios dos produtos daquele laboratório impressionaram Walt Disney.[47] Olavo Bilac chegou a testemunhar para o xarope Bromil, e vários artistas trabalharam na produção das ilustrações, em forma de desenhos coloridos e em preto e branco. Na década de 1910, muitos progressos impulsionaram a propaganda brasileira, e a Bayer foi "a pioneira em planejar uma campanha e dar unidade à comunicação".[48]

Mesmo assim, o sofrimento humano, incluindo aquele resultante da falta de beleza, não deixava de aparecer nos anúncios, junto a um cortejo de dores e angústias. Diante da medicina, a cosmetologia não possuía suas próprias prescrições. As características dos produtos de beleza e saúde tendiam a misturar crenças populares e referências científicas. Uterina, por exemplo, era anunciado como um "santo remédio"; um dos anúncios do Regulador Gesteira prometia realizar "dois milagres para a cura do útero doente"; e a propaganda do Peitoral de Angico anunciava efeitos "quase miraculosos". O "aparecimento milagroso" das "pílulas vegetaes Graças a Deus" era considerado uma benção para a cura de todo tipo de febre resultante dos miasmas pestilentos. Apanhar uma febre, conforme se dizia, era um temor comum quando se respirava algum ar demasiadamente infecto.[49]

Nos jornais, em meio aos anúncios de remédios, o embelezamento estava longe de constituir uma indústria ou um domínio de especial relevância. A aversão às intervenções no corpo unicamente em nome de sua beleza ainda constrangia a decisão de se enfeitar. Vários coletes e cintas eram anunciados sem explicitar a intenção embelezadora.[50]

Os periódicos laxantes à base de óleo de rícino e as fórmulas de beleza não industrializadas, criadas dentro de cozinhas e preparadas em quintais de terra, continuavam a conviver com a fabricação e o consumo dos produtos industrializados. Receitas para embelezar a pele e os cabelos, baseadas no uso da banha de porco, limão e sabão feito com cinzas, eram comuns em diversos locais do país. O aspecto rural da sociedade permeava a propaganda e, por conseguinte, os anúncios de remédios para mordidas de cobra, vermes e picadas de aranha eram frequentes.[51]

A propaganda de cintas e coletes é antiga. A referência à suposta perfeição da beleza feminina na Grécia Clássica era comum nos anúncios.

Fabrica de colletes e cintas hypogastricas

PARA SENHORAS

CASA FUNDADA EM 1848

A unica fabrica acreditada pelos seus afamados colletes e pelas suas cintas hypogastricas (para gravidez, sahida do parto e para todas as doenças do abdomen) as unicas reconhecidas pela academia de medicina de Pariz e pelos facultativos e parteiras do Rio de Janeiro.

AO
COLLETE DE OURO
Mme. Escoffon
7 - RUA DA AJUDA - 7
RIO DE JANEIRO (22)

A caveira era uma figura útil à propaganda e bastante presente entre os vivos: nos conselhos de saúde, nas histórias sobre assombração e, ainda, nas salas de aula.

O domínio farmacêutico situa-se na origem da propaganda brasileira.[52] Na revista *O Malho*, criada em 1902, alguns anúncios para remédios sublinhavam o nome de seus criadores ou guardavam como título o nome do mal físico que cada remédio anunciado pretendia curar.[53]

Embora já existissem anúncios com poemas, desenhos paradisíacos e alusões a cenas amorosas, sua presença na imprensa não era maior do que aquela com discursos longos sobre dores e sofrimentos, alguns associados à morte e à loucura.[54] Os males físicos expunham-se nos desenhos de corpos disformes, feridas e cicatrizes.[55] As expressões "estômago sujo", "feridas empesteadas", "catarros crônicos" e "constipações" eram tão corriqueiras quanto o desenho de caveiras.

Diferentemente da tendência da publicidade atual, naqueles anos, chamava-se a atenção do leitor com imagens sobre morte e doença. A concorrência entre os fabricantes de remédios fortaleceu a necessidade de recorrer a testemunhas ilustres e a exibir o nome de médicos, mesmo quando o produto anunciado era apenas um sabonete.[56] Segundo esse espírito, uma seção destinada a dar conselhos de beleza na *Revista da Semana* chamava-se "Consultório da mulher". As cartas das leitoras eram respondidas pela senhora Potocka, apresentada como uma "especialista diplomada em Londres".

Numerosos remédios para a saúde e a beleza possuíam uma vocação universal e serviam, igualmente, para a higiene da pele e dos cabelos.[57] Alguns deles eram receitados para diferentes finalidades, do mesmo modo que, na vida cotidiana, o médico tendia a ser um clínico geral. Quanto mais os anúncios revelavam os males a serem tratados, mais potentes pareciam os remédios divulgados. Os remédios de odor e gosto marcantes se destinavam a combater os males cujo aspecto se manifestava igualmente de modo forte e rude.[58] Na luta supostamente travada entre o remédio e o mal físico, homens e mulheres eram frequentemente representados como sofredores.

A propaganda sobre os méritos dos remédios não ocorreu sem estimular a automedicação, prática até hoje comum no país.[59] Ela também facilitou a crença na eficácia de engenhocas hoje esquecidas, como o Veedee, um aparelho manual de massagens destinado

Nos anos 1920, elegância rimava com o uso de engenhocas consideradas muito modernas e salutares.

Resfriados: A tosse e os catarrhos nasaes

TRATAMENTO CASEIRO DESTAS MOLESTIAS POR MEIO DA MASSAGEM VIBRATORIA: ALLIVIO E CURA RAPIDA COM O EMPREGO DO ADMIRAVEL APPARELHO DENOMINADO "VEEDEE".

Ha noites passadas nos encontravamos num theatro, em companhia de um cavalheiro inglez, recentemente chegado de Londres, e era cousa de fazer rir aos mortos estar-se ouvindo a cada instante um côro impertinente formado pela maioria dos centenares de espectadores alli reunidos, que aproveitavam qualquer opportunidade para tossir e pigarrear insistentemente, ou mesmo para deixar escapar algum espirro intempestivo, ou certas manifestações bronchiaes ou de caracter asthmatico.

Na occasião em que um chiste genial arrancava applausos, toda a sala aproveitou a opportunidade para novamente explodir em espirros, tosses e pigarros!... Nosso amigo então não póde deixar de rir-se e dizer-nos: «Bem se vê que no Brazil o uso

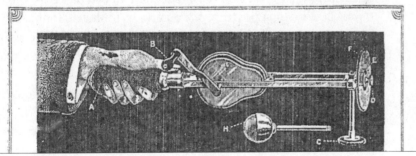

a eliminar o incômodo da tosse e dos pigarros. Veedee também servia para acabar com "rugas e pés de galinha".[60] Diferentemente da ênfase no esforço da ginástica, equipamentos parecidos com o antigo Veedee acompanharam toda a longa história do embelezamento e, ainda hoje, são figuras comuns na publicidade, especialmente em anúncios de máquinas e objetos estrangeiros para a boa forma difundidos pela televisão e pela internet.[61]

Modernices com atrasos

A história dos cuidados corporais inclui ambiguidades e situações aparentemente contraditórias. Em meio à austeridade que exigia das senhoritas muita vergonha em mostrar os tornozelos, alguns anúncios em prol da formosura, como aqueles de um produto chamado "A pasta russa", chegavam a afirmar o seguinte: "mais vale uns lindos SEIOS do que uma bonita CARA".[62] Ao mesmo tempo, enquanto as propagandas da Emulsão de Scott e da Cafiaspirina exaltavam a ginástica e o esporte para ambos os sexos, muitos brasileiros ainda procuravam manter as mulheres longe de tais "extravagâncias". O esporte não combinava com as senhoras que haviam passado dos 30 anos. Representava um risco para a saúde uterina das mais jovens e uma indecência para as mais velhas. "Excrecencias musculares de uma fealdade repugnante" eram os corpos femininos esculpidos pela prática esportiva.[63]

Paulatinamente, a busca por mais conforto e lazer favoreceu a difusão de reportagens sobre os benefícios das estações de cura e a satisfação de passar férias em estâncias balneárias. Os banhos de mar integraram as diversões e os tratamentos de saúde de várias famílias cariocas.[64] Também foram cada vez mais divulgados os esportes náuticos e os banhos de piscina, precedidos pelos banhos em "cochos", ou seja, espaços aquáticos dentro de rios e à beira-mar, específicos para a diversão e a natação. Em 1926, foi construída a primeira piscina da capital paulista, no Club Athletico Paulistano. "Com a sua inauguração, deu-se um fato curioso.

Organizou a diretoria daquele clube um horário, por força do qual homens e mulheres ficavam obrigatoriamente separados".[65]

O uso do *maillot* facilitou a valorização da depilação das pernas e axilas femininas. No Rio de Janeiro, no "Consultorio para Senhoras" da revista *Fon-Fon*, os produtos do dr. Gaubil para eliminar manchas, pelos e rugas ganharam espaço de quase uma página inteira. Contudo, era preciso moderação nas atividades de andar a cavalo, fazer ginástica e passear ao ar livre. As pernas das dançarinas também podiam ser consideradas feias, principalmente quando mostravam os resultados do "excesso de exercício".[66]

Juntamente com a permanência de hábitos antigos, existiam mudanças nos costumes que pareciam inevitáveis: algumas moças podiam revelar um bom gosto desconcertante ao se despirem e exporem as roupas íntimas.[67] "Roupas de baixo de pura seda, recém-chegadas da França", cintas "em luxuoso creme radio salmon", além de guarnições de "crepe da China", eram anunciadas com destaque pela imprensa.[68] Nos anos 1920, os vestidos de tecidos leves e decotes acentuados combinavam com a voga dos cabelos curtos e soltos, mas também exigiam maiores cuidados com a limpeza do corpo inteiro. Na *Fon-Fon* e na *Revista da Semana*, já aparecia a propaganda de xampus anticaspa e cremes para os "tratamentos higiênicos da pele".[69]

Mas, vale insistir, não foi fácil nem rápido aceitar a imagem de mulheres praticando esporte. Mesmo quando a propaganda mostrava desenhos e fotografias de jovens em plena atividade, havia a tendência em associar suas posturas ao balé clássico. Também permanecia uma divisão clara entre gêneros e modalidades esportivas. Por isso, a corrida, a natação e os saltos pertenciam muito mais à esfera masculina. Preferia-se vincular o suor e o esforço corporal aos homens. E, mesmo para eles, a propaganda recorria à valorização da força de levantar pesos, muito mais do que a qualidade da flexibilidade corporal. O corpo do homem belo rimava com a imagem de uma silhueta compacta. Como se nenhum traço de leveza fosse bem-vindo em sua robustez.[70]

Evidentemente, a realidade da maior parte dos brasileiros era muito diversa daquela que apostava numa fragilidade feminina contraposta à força masculina. Mesmo assim, havia pontos de

O belo homem devia ser robusto e ter muque. Leveza e flexibilidade ainda não faziam parte do charme masculino.

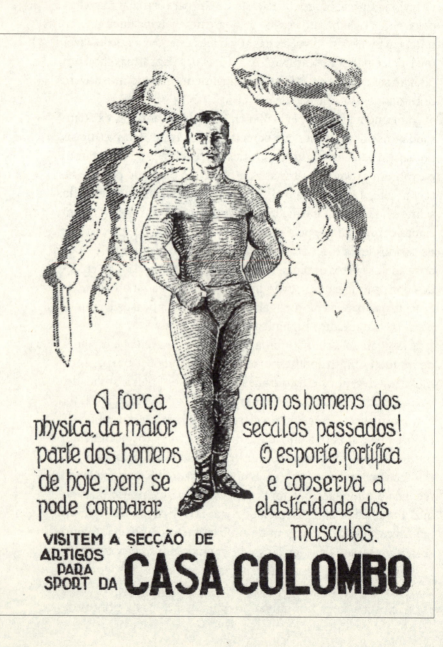

similitude entre as mulheres das diferentes classes sociais, como a crença de que o melhor para todas seria evitar grandes esforços durante o pós-parto e no período menstrual.

A noção de *resguardo* ainda era importante e, em diversas regiões do país, havia o costume de aceitá-lo para as parturientes durante cerca de 20 dias. O resguardo envolvia uma série de cuidados especiais, desde o uso de uma touca para cobrir a cabeça até a necessidade de evitar a luminosidade e as correntes de ar. É óbvio que nem sempre as mulheres podiam ficar de resguardo por mais de uma semana. Mas é provável que houvesse algum consenso entre elas de que seria melhor respeitar as tradições. Além disso, a gravidez exigia não apenas alguns cuidados especiais, mas, sobretudo, uma boa dose de recato. Como se sabe, nem todas as épocas e culturas consideraram a gravidez algo belo, digno de exposição. A tendência em associar a beleza feminina à função materna ganhou um novo alento a partir da década de 1920, mas a barriga grávida ainda não era uma imagem valorizada. A mulher "naquele estado", mais tarde dito "interessante", devia primar pela discrição.[71] Os conselheiros preferiam associar a beleza da maternidade ao período posterior ao nascimento do filho, e não aos nove meses de espera. Essa tendência se rompeu depois da década de 1960, e as imagens de Leila Diniz contribuíram para a valorização da barriga grávida.[72] Mais recentemente, chegou-se ao ponto de valorizar a barriga grávida mais do que a própria maternidade, dando lugar ao que a psicóloga Pfrimer chamou de "gravidez célebre".[73] Mas, antes disso, a maternidade era valorizada, sobretudo, quando se exibiam imagens da esposa fiel e da mãe prestimosa. Antonio Austregésilo, por exemplo, foi um dos médicos brasileiros que valorizavam a imagem da mulher como um "anjo de guarda da família".[74] Ela devia saber costurar, bordar e cozinhar, mostrar-se cândida e obediente diante da autoridade masculina, alguém que certamente era ou seria uma mãe mimosa e fiel. Como um "anjo da família", dela se esperava uma força inabalável, emoldurada por uma graça irresistível. Robustez do espírito e graça corporal. A escritora Zélia Gattai escreveu que, em sua época de menina, a alfabetização da mulher era considerada uma inutilidade.[75] E, fosse instruída ou não, ela devia ser sempre passiva diante do pai e do marido, obediente e virtuosa. E eles, por sua vez, precisavam trabalhar, não cair na tentação da vadiagem. O receio de ter em casa uma mãe, irmã ou filha cuja imagem lembrasse uma vadia dificultava a introdução dos produtos de embelezamento na rotina feminina. Da mesma maneira, o medo de fazer dos rapazes "uns maricas" não facilitava em nada a introdução dos produtos de beleza nos ambientes masculinos. Nessa época, vários manuais de comportamento eram traduções de livros estrangeiros realizadas no Brasil e em Portugal. A maior parte desses livros dedicava um espaço significativo para as "doenças das mulheres". Eles também distinguiam os conselhos para as solteiras das prescrições endereçadas às casadas.[76]

No interior apertado de todos esses rigores, havia, contudo, alguma paciência para com as feiurinhas ainda impúberes, feiozinhas quase meninas. Pois acreditava-se que a passagem do tempo transformaria o feio em belo. A personagem Emília, de um conto de José de Alencar, era ainda "muito feia" aos 14 anos. Pensava-se que existiam jovens assim, parecidas com "os colibris da gema: enquanto não emplumam são monstrinhos". Emília era feiíssima, de uma excessiva magreza, um "esguicho de gente". Mas tudo mudou com o tempo: Emília ganhou formas, altivez, e sua tez conquistou "a cor das pétalas da magnólia".[77]

Meninos considerados sem graça e fracoides também podiam, pelas mãos da natureza, virar adultos interessantes e charmosos. Havia, portanto, alguma esperança aos feiozinhos muito jovens. Uma espécie de confiança na natureza ainda regia o sonho da beleza e, provavelmente, dotava de alguma paciência a espera necessária para o corpo alcançar formosura e encanto.

Mentir a idade

Mentiram a idade inúmeras vezes e durante anos: mulheres e também homens. Mas essa mentira podia não o ser de fato, especialmente quando o ano do próprio nascimento era ignorado. No começo do século passado, o batismo era uma data importante.

Antes de o registro do nascimento em cartório se tornar comum, a idade individual tendia a flutuar: encolhia ou aumentava conforme os interesses e as circunstâncias. E, claro, esse tema foi várias vezes alvo de piadas: "– Que idade o senhor me dá? Perguntava uma quarentona pretenciosa ao Jarbas de Carvalho. – Não lhe dou, minha senhora, porque os que tem já bastam."[78]

A expectativa de vida era certamente menor do que a atual, não chegando aos 40 anos. Segundo um artigo sobre o assunto, em 1921, os velhos brasileiros seriam mais moços do que os velhos europeus. Os primeiros teriam menos anos de vida porque "por aqui, 50 anos é mesmo velho". Apesar disso, a velhice era pensada em três tempos: a prematura, ocasionada por abusos, erros, negligências diariamente cometidas pelos moços imprudentes; a seguir, a velhice repentina, fruto de moléstias; e, enfim, a velhice normal, "que deve ser considerada natural após alcançar o homem o apogeu de suas energias physico-psychicas".[79]

Na década de 1920, não era raro pensar que a velhice feminina se instalava antes da menopausa – termo, aliás, pouco utilizado fora dos círculos médicos. Para a tristeza das mulheres, os homens pareciam envelhecer melhor. Não por acaso, as piadas sobre idade recaíam principalmente sobre elas. Um dos números do almanaque *Eu sei tudo*, por exemplo, trouxe a seguinte história: uma marquesa pediu a opinião de um homem sobre a suposição de que as mulheres escondem suas idades. A resposta obtida foi: "– Senhora marqueza, posso lhe assegurar que tive grande trabalho para conseguir que minha mulher completassc os quarenta annos. Mas desde que o consegui não houve mais meio de fazel-a sahir d'essa edade".[80]

Nas revistas, várias piadas foram publicadas sobre o mesmo tema. Por exemplo:

> Duas senhoras falam de uma amiga ausente. Quantos anos terá a Amelia? Quarenta... Não os mostra... Ao contrário, esconde-os.[81]

ᕃ ᕃ ᕃ

> – O professor: que idade tem hoje uma pessoa nascida em 1894?
> – O aluno sabido: conforme... é homem ou mulher?[82]

▲ ▲ ▲

– Resolvi não casar antes de completar trinta anos.

– Pois eu resolvi não completar trinta anos enquanto não estiver casada.[83]

Mas, fosse mulher ou homem, a brincadeira jocosa em torno da idade costumava ser mais frequente do que a publicação de matérias sérias a respeito da velhice. Falava-se em velhice mais do que em envelhecimento. Um velho em 1920, homem ou mulher, podia muito bem ser alguém de 35 anos. A juventude tendia a ser breve e o casamento mantinha-se um acontecimento importante, precedido, muitas vezes, pelo noivado. Pouco a pouco, o tema das idades virou um *slogan* publicitário para produtos destinados a apagar a maior parte dos anos vividos: na década de 1930, um anúncio do creme Pollah tinha como título "Envelhecer".[84] O produto servia para "retardar a velhice". Vinte anos mais tarde, a publicidade enfatizaria expressões deste tipo: "enquanto é tempo nunca passe dos 20 anos".[85]

O embelezamento também costumava ter idade certa para começar e acabar. Esperava-se que uma jovem fosse comedida em suas vaidades, assim como ainda era bem-vista uma viúva que abdicasse de tais artifícios. Enquanto a maquiagem foi considerada uma máscara para encobrir defeitos, seu uso permaneceu envolto por muitas suspeitas. Uma matéria publicada em 1920 sobre "as moças de hoje" defendia uma beleza sem a "espessa crosta de carmim e *noir d'ivoire*" produzida artificialmente. A crítica pesava sobre as tendências da moda: "qual a mulher que tem hoje silhueta propria? São todas um monte informe e minusculo de tecidos hirtos e côres disparatadas", sem falar nos rostos "mascarados". Ora, "passada a casa dos quarenta é natural que uma elegante" procure reparar "os ultrajes do tempo" com artifícios; mas na "primavera da vida"?[86] Naquele tempo, os referidos "ultrajes" ainda tinham época certa para chegar e deviam ser, no máximo, disfarçados.

Confundir as idades não era mais intolerável do que apagar as distinções entre "uma senhora honesta e as outras".[87] A divisão entre elas devia ser bem marcada na cabeça de ambos os sexos e,

ARTIFÍCIOS PARA A FORMOSURA

também, na geografia das cidades. A "zona" era o lugar daquelas que faziam coisas com os homens não permitidas às honestas.[88] Mas, em qualquer parte do espaço urbano, a juventude tendia a ser vista como uma época curta e rápida, pois a primavera da vida era seguida por outras estações.

Dentro dessa mentalidade, tal como as flores, entendia-se que a mulher desabrochava na hora certa. E, tendo os filhos crescidos, era normal que o viço de seu rosto murchasse. O progressivo desenvolvimento da indústria da beleza contribuiu para esmaecer esse universo floral, assim como a importância da antiga distinção entre mulheres viciosas e aquelas de boa família. Ao longo dos anos, a distância entre as aparências de jovens e velhas foi reduzida. Ou melhor, a expectativa de reduzi-la aumentou exponencialmente. Outras separações ganharam relevo, como a distinção entre as mulheres que sabem e podem se cuidar e as que pouco fazem para isso.

A partir da década de 1930, a velhice virou um assunto mais presente nas revistas femininas. Foi quando algumas brincadeiras confirmaram a negatividade atribuída às quarentonas: "A mulher aos 15 annos é sorvete, aos 25 é refresco, aos 40 é água morna."[89] No caso masculino, a idade ganhava outros horizontes. Aparentar a idade real podia significar uma qualidade admirável, digna de ser mostrada em anúncios promotores da saúde e da boa aparência.

Mas é verdade que o homem de 30 anos já era considerado um senhor maduro. Depois dos 40 anos, o jeito era "despistar" os sinais da velhice. Tingir os cabelos brancos era uma solução que os senhores nem sempre adotavam, embora a propaganda os tentasse a fazê-lo. "Cabellos brancos! Dôr de uma saudade / Que tristeza o coração recorda / Recordação de magua e soledade / Que martyrisa, punge e desconforta", eram versos divulgados pelo anúncio da loção Carmela, que garantia uma mocidade bela.[90]

Na ponta oposta ao tempo da velhice, a beleza física da criança e do bebê também conquistou espaço crescente na imprensa da década de 1930. Além das conhecidas fotografias publicadas nas revistas de bebês nus deitados de bruços, havia a divulgação dos concursos de robustez infantil. E foi no final da década de 1950 que apareceu o "bebê da Johnson", confirmando o ideal de um bebê bonito e sadio.

Com a diversidade de tinturas para os cabelos que foram surgindo ao longo do tempo, banalizou-se não só a possibilidade de mudar os seus tons, como também a de esconder os fios brancos e disfarçar os "sinais da idade".

côres modernas ação prolongada

Em poucos minutos, enquanto V. lava os seus cabelos com Wellaton, êles adquirem tôda a beleza na côr que V. escolheu, pois ao mesmo tempo que proporciona limpeza, Wellaton colore os cabelos.

Procure exatamente a tonalidade desejada no vasto sortimento das nuances.

Econômico, de ação prolongada, Wellaton é tão simples de usar: é líquido!

wellaton

O shampoo que lava colorindo

R-7.004

Contudo, diferentemente das crianças, a identidade sexual do bebê ainda era pouco relevante. Havia uma beleza do bebê que se sobrepunha à especificidade do seu sexo. Esta era marcada principalmente por meio de duas cores – azul e cor-de-rosa. Mas ainda não se chegava ao ponto de propor perucas para um bebê do sexo feminino, tal como faz hoje uma empresa americana, voltada a criar, desde cedo, "lindas princesinhas".[91]

"Vênus do asfalto"

Anos antes das idades serem amplamente rejuvenescidas, o termo *publicidade* começou a substituir a palavra propaganda.[92] A partir de 1928, algumas técnicas norte-americanas chegaram ao Brasil por meio da empresa General Motors e, a seguir, a Lintas (Lever Internacional Advertising Service) se estabeleceu no país.[93] Os ideais de juventude e beleza divulgados nos anúncios ganharam maiores distâncias em relação às concepções existentes sobre os cuidados com o corpo desde o século XIX.

Juntamente com a modernização da propaganda, a moda feminina dos "cabelos *à la garçonne*" e de aparência salpicada por alguma androginia assustava muitos brasileiros, mas também atraía outros.[94] Na capital paulista, vários salões de beleza anunciavam o referido corte, como o Salão Victor e o Salão Bertini, ambos na avenida Celso Garcia, além do Salão Concordia, na avenida Rangel Pestana.

Antes disso, existiam brasileiras que procuravam ondular os cabelos com papelotes feitos com retalhos de tecido, umedecidos em infusões e chás destinados a fixar os fios. A ondulação ainda não era permanente. Mais tarde, quando a firma Niasi & Cia se estabeleceu em São Paulo, esse trabalho já estava próximo de ser modificado com a chegada de uma máquina, parecida com um "panelão" cheio de fios e pegadores nas pontas.[95]

A positividade das modas ilustradas pela imprensa estava presente também nas lojas de departamento. Em 1913, a cidade de São

Paulo ganhou uma grande loja que prometia ser o centro da moda sofisticada, o Mappin. Com 40 empregados e 11 departamentos, esse paraíso do consumo oferecia inúmeros serviços e produtos para a beleza.[96] Seus catálogos elogiavam "a iniciativa de criar um mundo refinado e elegante".[97] No catálogo de 1925, por exemplo, havia a propaganda de cremes, loções, gotas brilhantes para os olhos, pó de arroz, sabonetes importados, lápis de sobrancelhas, *rouges* Elektra e Coty, água de colônia e esponjas finamente ornadas. Para os cavalheiros, conforme noticiavam os jornais da capital paulista, o Mappin oferecia desde gravatas italianas e ligas de seda até cintos ingleses e "maillots, sobretudos, colletes, luvas e cache-cols".[98] A partir de 1926, "com a abertura do balcão de perfumaria" foi inaugurado, no terceiro andar, um salão de beleza, no qual havia serviços para cortar, pentear e tingir os cabelos.[99]

O consumo de novidades cosméticas atingiu diversas capitais brasileiras. As famílias mais ricas da cidade de Belém, por exemplo, que importavam o sabonete inglês Pearsoap, foram obrigadas a interromper esse hábito devido às dificuldades resultantes da crise da borracha. E, enquanto isso, um grupo de imigrantes portugueses criou, no Brasil, um sabonete parecido com o importado, chamado Phebo, perfumado e transparente.[100]

A criação da Perfumaria Lopes, em 1919, no Rio de Janeiro, foi um marco importante no setor de produtos embelezadores.[101] No mesmo ano, a Rodhia se estabeleceu no Brasil e fabricou os primeiros lança-perfumes, utilizados no carnaval de 1922. Em 1935, a Rodhia, por meio da Valisère, iniciou a fabricação da *lingerie*, "só preta, como era devido".[102]

Não demoraria muito para que a ênfase na alegria de viver conquistasse espaço na propaganda de dentifrícios, sabonetes coloridos e cosméticos: imagens de jovens risonhas deixavam de ser uma atitude supérflua, afinal, "o riso fortifica também os musculos do rosto e faz desapparecer o repuxado que se nota sobre o rosto das mulheres de aspecto triste."[103] Ou ainda, "o Sorriso é tudo na Belleza, porque é a expressão que attrae, que prende, e que vence, que dá alma à face".[104] A ênfase no sorriso vinha, porém, acompanhada da expectativa de exibir dentes alvos e bem alinhados. Sorrir tornava-se um argumento publicitário poderoso para vender batons e dentifrícios. E, consequentemente, os semblantes tristes ganharam em negatividade.[105]

A ilustração de homens e mulheres em meio ao sofrimento contrastava cada vez mais fortemente com aqueles que sorriam, sobretudo quando eram jovens. Em anúncios do dentifrício Odol, por exemplo, as imagens austeras, de senhores e senhoras, foram substituídas por aquelas de semblantes juvenis e sorridentes.[106] A antiga aversão à velhice receberia doravante um impulso extraordinário, oriundo da industrialização da beleza e da expansão da publicidade. Afinal, diriam alguns, "a virtude não é mais inimiga irreconciliável da alegria e da beleza".[107]

Um dos modelos da beleza feliz, em voga nos anúncios daqueles anos, foi o *Sportman*. Conforme escreveu o cronista Edmundo, já não se admirava mais a beleza daqueles homens que achavam bonito sofrer do pulmão, beber absinto, ostentar olheiras profundas, uma silhueta magra, pequena, coberta por casacos escuros e luvas.[108] A beleza masculina libertava-se dessas referências para abraçar outras, mais próximas dos valores americanos. Ou ainda:

> durante a Primeira Guerra, quando o modelo viril do soldado parece se afirmar como modelo de masculinidade, o Composto Ribott chega a fazer campanha dizendo que era preciso superar a ideia de que as mulheres gostavam de homens pálidos, delgados, de ombros caídos, pois estes é que eram considerados inteligentes. Tomando o Composto Ribott o homem ficaria robusto e mais inteligente do que o amarelinho, que vinha fazendo tanto sucesso na vida nacional desde, pelo menos, a vitória da inteligência de Rui Barbosa em Haia e de Santos Dumont nos céus de Paris. Os homens podiam ser um águia e um condor sem precisar ser raquítico e de cabeça grande como os dois heróis pátrios do começo do século.[109]

O desenvolvimento da vida urbana contribuía para uma mudança radical nas concepções do que era viril ou frouxo, conforme se dizia. Ao ar livre, distante dos antigos saraus, a beleza masculina adquiria um espírito pragmático e esportivo. Não demoraria muito para que os moços abastados substituíssem o elegante *five o'clock tea* pelo charmoso *cocktail*.[110]

O mais difícil durante esses anos continuou a ser a conciliação entre o ideal de pureza feminina, há muito perseguido quando se tratava de uma jovem de boa família, e o uso da maquiagem. Em francês, o verbo *maquiller* apareceu por volta do século XIII e no começo do século XIX ele significava falsificar as aparências. O cinema iria ser um dos principais veículos da positividade daquele antigo verbo:

> a maquilagem vai-se acentuando: os lábios pintados só no centro, de forma que, estando a boca fechada, a junção dos arcos do lábio superior ao lábio inferior, dava à boca a forma de coração, de vez que o excedente lateral era apagado, o mais que possível, com pó de arroz "Raquel" – da côr da tez. Em cada face, um pouco de "rouge", já bem visível, e não disfarçado.[111]

A dominação do cinema norte-americano, com artistas como Glória Swanson, Norma Talmadge e Joan Crawford, significou o domínio dos batons cujo uso ultrapassava "o tamanho dos lábios verdadeiros".[112] Numa época em que o número de atrizes era superior ao dos atores, o cinema era uma grande referência para a moda e o embelezamento do corpo.[113] Em 1913, a cidade de São Paulo contava com 46 cinemas.[114] No ano seguinte, Max Factor aperfeiçoou a maquiagem para as gravações cinematográficas. Além do uso de perucas, algumas atrizes começaram a exibir os primeiros pares de cílios postiços, fabricados com cabelos naturais. A seguir, em 1915, o batom começou uma carreira de sucesso dentro e fora das telas. Foi quando o uso do carmim, que dava um aspecto violáceo aos lábios refletidos pela iluminação cinematográfica, foi substituído por outras substâncias.[115] Em 1932, Max Factor criou uma maquiagem apropriada para a televisão.[116] Tal como um texto publicado na *Fon-Fon* em 1924, havia chegado a época de um novo tipo de mulher: "Na hora presente, Venus é um caso de beleza *ad hoc*. Brune as unhas, bistra os olhos, tinge a pelle, tosa as trunfas acima da nuca". É, portanto, uma "Venus do asfalto". E mais: "Suzana não se mostra depois do banho. Mostra-se depois do barbeiro e da manicure."[117]

A beleza espiritual e o "*it*"

"Beleza, elegância e *it*", eis as qualidades das beldades em moda nas revistas femininas das décadas de 1920 e 1930. O "*it*" ninguém sabia exatamente o que era, embora muitos concordassem com o quanto era importante exibi-lo, tê-lo, valorizá-lo. Parecia uma qualidade fugaz, com manifestação ligeira e aguda, algo entre o físico e o espírito, menos sóbrio do que a elegância, porém, mais discreto do que dentes alvos, pele lisa ou cintura fina. Atribui-se a invenção desse conceito à escritora inglesa a Elinor Glyn, mas a sua difusão ocorreu graças ao filme intitulado *It*, de 1927, com Clara Bow, atriz conhecida como uma verdadeira "*it girl*". Logo no início desse filme, é mostrada a definição do *it*:

> é uma qualidade possuída por alguns que atrai os outros com a sua força magnética. Com ela conquistam-se todos os homens se se for mulher – e todas as mulheres se se for homem. Pode ser uma qualidade da mente, assim como uma atração física.[118]

O "*it*" era esperado de ambos os sexos e foi amplamente promovido pelos filmes de Hollywood. Mas o seu sucesso não apagou a ênfase na beleza espiritual; ao contrário, o médico Hernani de Irajá, especialista em "psicopatologia sexual da mulher brasileira", foi um dos defensores dessa beleza. O medo da degeneração moral e racial era um argumento de peso na defesa da virtude feminina e da virilidade masculina. E a educação do espírito servia como corretivo à falta de beleza física. Era provavelmente essa a posição de Almeida Garrett, autor de alguns textos no almanaque *Eu sei tudo*. Para ele, a beleza espiritual seria uma espécie de compensação da outra, podendo abrandar as "pelles duras", amaciar as mãos, fornecer cor aos lábios e doçura aos olhos.[119] A beleza do espírito "adoçaria" as aparências feias. Segundo Austregésilo, outro exemplo, a beleza espiritual era uma qualidade fundamental, a essência da verdadeira feminilidade.[120] No caso dos homens, a falta de dotes físicos também podia ser compensada com inteligência e firmeza do caráter.

Assim, feios e feias podiam compensar suas "falhas" caprichando em outros domínios. Ser disciplinado, bom pai ou mãe zelosa, manter-se no caminho da honra e do trabalho eram maneiras de ser mais bem aceito socialmente. O que não era pouco. A bela de espírito devia ser honesta, cordata e trabalhadora.

Hernani de Irajá foi um exemplo interessante na ilustração detalhada dessa tendência.[121] Em seu decálogo sobre a beleza que, segundo o autor, teve origem nos Estados Unidos, há uma combinação das modernices e dos atrasos da época. O primeiro mandamento diz que é preciso cultivar o amor e a beleza e exige que a mulher seja "tão bella quanto possível". No segundo, outra combinação é feita: a mulher deve ter "infinito cuidado", conservando a beleza que veio do berço, "procurando enriquecê-la com o que a Natureza esqueceu de dar".[122] Natureza se escrevia em maiúsculo e, no último mandamento, a verdadeira beleza é considerada um "reflexo do espírito", como se a aparência fosse um espelho fiel das emoções e do caráter.

Irajá e vários contemporâneos seus não ousavam aconselhar mudanças profundas e irrevogáveis no volume e nas linhas do corpo feminino. Embelezar servia para preservar e realçar os traços originais, ou ainda, os dons naturais. A obra da Natureza era da ordem do prodígio divino, e não do domínio humano. Ou seja, a beleza permanecia, em grande medida, um dom. Sua ausência era um problema que escapava ao conhecimento laico, como se os truques de beleza fossem impotentes diante da obra original da Natureza.[123] A feiura deveria, contudo, ser compensada pela beleza espiritual, esta sim, passível de correção.

Mas, ao mesmo tempo, o conservadorismo não era a única característica do decálogo proposto por Irajá. Para ele, o embelezamento também se relacionava com os compromissos da vida julgada moderna; pois, para se tornar bela, uma das condições era não desperdiçar tempo. A mesma mensagem foi tema central de vários anúncios publicitários do período, em particular, aqueles da Bayer. A mensagem era clara: era preciso saber utilizar o tempo e os artifícios, pois se sabia que boa parte da vida não acompanhava mais os ciclos naturais. Em certa medida, o embelezamento era aceito e recomendado, porque sem ele a feminilidade carecia de afirmação, mesmo sabendo que sua ação excessiva podia apagar ou modificar profundamente a "arte natural".

O milenar dualismo entre corpo e espírito esteve na origem da desvalorização do primeiro em relação ao segundo, mas também alimentou muitas das tentativas de liberar o corpo das regras morais e religiosas que defendiam o privilégio da alma imortal sobre o corpo. No Brasil, diversos médicos e escritores incluíram em seus conselhos essa cisão entre corpo e alma. Quando escreviam sobre o embelezamento, tendiam a valorizar as virtudes morais e espirituais femininas. Defendiam que delas provinha qualquer traço belo estampado no corpo. A beleza do espírito seria a fonte de todas as outras.

Entretanto, existiam diferenças entre os médicos e entre estes e os diferentes conselheiros. Também havia posturas dissonantes nas revistas, por exemplo, os conselhos de beleza publicados na *Fon-Fon* tendiam a ser mais descontraídos do que aqueles da *Revista da Semana*. Já a propaganda publicada nas revistas mundanas costumava ser mais arrojada do que as recomendações de beleza presentes em livros destinados aos cuidados do corpo.[124] Mesmo nos textos voltados ao estudo da mulher, existiam ambiguidades ilustrativas sobre a maneira de percebê-la: Irajá, por exemplo, recomendava que todas deviam cultivar o amor pela beleza física, utilizar cosméticos "e outros remédios", desde que essa "imitação da Natureza" não fosse excessiva, e, no final dos mandamentos, postulava que a verdadeira beleza era apanágio do espírito – o corpo seria o seu reflexo.[125]

Havia, contudo, pontos de convergência entre as diferentes publicações. Um deles situa-se na valorização incontestável da força física e da potência sexual dos homens. Outro ponto de convergência está nas suspeitas que envolviam solteirões e solteironas, fossem eles belos ou feios. Existia ainda uma tendência difícil de ser modificada: na histórica distinção entre os sexos e entre corpo e alma, as mulheres tenderam a ser consideradas mais próximas do universo orgânico, corporal, do que os homens, como se as atividades intelectuais não lhes fossem tão apropriadas quanto aquelas relacionadas à reprodução da espécie.

Entre tendências modernas e conservadoras, ao contrário dos conselhos atuais, na época de Irajá, poucos detalhes eram fornecidos sobre a possibilidade de corrigir profundamente a feiura. Exemplos fictícios expressavam a aversão ainda comum em meados do século passado diante daquelas que arriscavam "entrar na faca": Beatriz, personagem de um romance de Jorge Amado, se fez notar na comunidade onde morava porque rejuvenesceu em poucos meses: rosto liso, esticado, sem rugas, corpo esbelto, não aparentando mais do que 30 anos. Para dona Ponciana, outra personagem da região, Beatriz se tornara a "glorificação ambulante da medicina moderna", um "escândalo", uma "blasfêmia", "um crime contra a religião".[126]

Se os anos pesavam sobre o rosto ou se este não apresentasse beleza, o mais adequado era se conformar. Muitas mulheres se contentavam com alguns disfarces em dias de festa, mas acreditavam que não era bom encher a cabeça com vaidades, especialmente num mundo repleto de obrigações domésticas. E, caso a feiura fosse grande, esperava-se alguma compensação – social, familiar, espiritual –, e não necessariamente a realização de cirurgias plásticas.

O direito ao corpo, um grande suspeito

Paul Poiret figura entre os inventores de uma silhueta feminina solidária às formas aerodinâmicas. Leveza e velocidade eram valores caros para os jovens que descobriam o *frisson* das corridas de automóvel, a vertigem proporcionada por esportes – náuticos e aéreos –, além de frenéticos ritmos musicais. Mas para delinear uma silhueta aerodinâmica era preciso um trabalho que atingisse o interior do corpo. O primeiro aspecto desse trabalho repousava sobre a crítica ao uso das cintas, pois, o constrangimento corporal tinha "a desvantagem de sufocar os poros" e "modificar a forma das nádegas".[127] Era preciso depositar maior confiança na capacidade de cada indivíduo erguer-se diante de sua suposta preguiça. A educação física não tardaria a apoiar essa pretensão.[128]

O segundo aspecto daquela intenção localiza-se nas críticas às roupas pesadas e volumosas. Diligência e agilidade exigiam leveza da indumentária. Modernidade física não rimava mais com trajes que mantinham uma distância cheia de panos entre a pele e o mundo externo. A moda dos anos 1920 pressupunha a pele colada aos tecidos que deslizavam friamente sobre as silhuetas, sem compressão nem vagar. Moda feita de superfícies lisas, avessa aos obstáculos e congestionamentos.

Dentro desse espírito, a antiga crítica ao uso da maquiagem foi renovada.[129] Maquiar-se sem saber fazê-lo poderia dotar o rosto de um peso de outro tempo. Claro que a maquiagem fazia sucesso naqueles anos já influenciados pelo cinema. Mesmo assim, agora, ela seria acusada de prejudicar a saúde. Por isso, o escritor e médico Afranio Peixoto, por exemplo, recomendava talco no lugar do pó de arroz.[130] O também escritor Humberto Gusmão pregava a necessidade de um parecer médico para as questões de beleza.[131] Muitos sabiam que a maquiagem não era um ornamento separado do poder de modificar um rosto.[132] E era exatamente esse poder que estava no centro de algumas diferenças entre médicos e fabricantes de cosméticos. Estes últimos adquiriram uma importância antes desconhecida, especialmente para as mulheres das classes abastadas e que viviam no meio urbano.

Interessante observar o quanto o assunto "beleza" passou a despertar maior interesse científico desde então, mas ainda era difícil admitir que o corpo da mulher pertencia em primeiro lugar a ela. A livre possibilidade de embelezá-lo, segundo os desejos pessoais, provocava reprovações contundentes. Para manter o corpo feminino sob o controle masculino (em particular, de pais, maridos, médicos, e não de comerciantes, curandeiros ou senhores considerados "malandros e fanfarrões"), costumava-se associar uma parte do embelezamento diretamente ao pecado. Num romance de Menotti Del Picchia, intitulado *A mulher que pecou*, o quarto de uma prostituta expressava luxo e luxúria, graças às cortinas, aos tapetes e, sobretudo, aos espelhos e perfumes; os frascos de cristal e uma pera de borracha envolvida numa fina rede de seda deixavam adivinhar a vaidade relacionada à vida viciosa.[133]

Na mesma época, moças de 14 e 15 anos consideradas de boa família raramente possuíam a autorização de seus pais e irmãos para utilizar o carmim e o batom. Difícil resistir à beleza luminosa nas telas, à propaganda favorável aos lábios e olhos pintados, além dos cortes de cabelos e penteados inovadores. Cabelos curtos e silhueta longilínea também representavam a conquista de uma autonomia feminina espetacularmente ilustrada pelas revistas da moda.[134] Algumas jovens sofriam com a proibição familiar diante daquelas novidades, mas também arrumavam maneiras de burlar a suposta obediência aos pais. Guta, personagem criada por Rachel de Queiroz, estudava numa escola religiosa do Nordeste brasileiro e, com suas amigas, inventava pequenos truques para escapar das normas familiares. Um deles era o de enrolar a saia comprida na altura da cintura para mostrar as pernas na saída da escola.[135]

Durante boa parte da primeira metade do século xx, numerosos ardis e negociações fizeram parte do embelezamento feminino, da mesma maneira que muitos moleques e adultos arquitetavam um jeito de espiar as vizinhas e primas quando elas trocavam de roupa ou tomavam banho. As moças ainda precisavam esconder o uso dos produtos de beleza emprestados ou dificilmente adquiridos. Eram levadas a inventar pretextos para utilizá-los às escondidas, criando um mundo de "escapadas", cuja memória foi parcialmente apagada pelo novo colorido impresso nas asas da liberação feminina vindoura.

Na época da personagem Guta, ainda existiam salas de cinema com orquestras e cantores. Eram lugares privilegiados da moda e dos encontros amorosos. Em 1923, foi inaugurado o Copacabana Palace, um acontecimento que contribuiu para mudar a paisagem e o comportamento de muitos cariocas. Novos produtos para a beleza e a limpeza do corpo não tardaram a surgir. O famoso Leite de Rosas, criado por Francisco Olympio estava entre eles.[136]

Apesar das novidades em curso, o direito juvenil e infantil de escolher as próprias roupas e os alimentos ingeridos diariamente ainda não havia conquistado aceitação pública nem visibilidade social. Em geral, os corpos não eram vistos como *exclusividades individuais*. Costumavam servir como instrumento de gestão da

A beleza floral acompanhou a propaganda das jovens que sonhavam com o verdadeiro amor.

vida coletiva, pertencentes a uma comunidade, ficando, assim, dependentes da aprovação desta. E isso ocorria tanto na doença como na saúde, em nome do bem e do mal. Mesmo no caso masculino, sobre o qual poderia haver a suspeita de uma certa facilidade na aquisição do direito ao próprio corpo, algumas liberdades eram (e ainda hoje são) de difícil aquisição. A cerrada vigilância exercida sobre a capacidade viril de cada homem, por exemplo, a exigência de ser um infalível reprodutor e um exímio conquistador permaneceram testemunhos importantes sobre as restrições existentes no universo dos machos.[137]

Até meados do século xx, para ambos os sexos, ter direitos sobre o próprio corpo tendia a ser uma excentricidade típica de pessoas da elite mundana ou um capricho afeito aos malandros, libertinos, homossexuais e prostitutas. Mas a propaganda de produtos de beleza diversificava crescentemente suas ofertas.[138] Pouco a pouco, vários *truques* de beleza foram preteridos em favor das *técnicas* de embelezamento. Mesmo assim, a antiga tendência de tratar o embelezamento como um assunto partilhado entre mulheres – tal qual um segredo, uma fofoca, uma confidência – permaneceu forte e ainda hoje caracteriza as relações de amizade entre elas. Em plena vida metropolitana, repleta de clínicas de medicina estética, o embelezamento ainda funciona como aquilo que se confessa à amiga ou como um "puxa assunto" capaz de definir diferenças e circunscrever os territórios femininos, distinguir aquelas que são do *pedaço* das outras, meras desconhecidas.[139]

A preguiça dos órgãos e a beleza da agilidade

O milenar costume de fortificar o corpo e limpar suas supostas impurezas adquiriu um valor inovador na propaganda de pastilhas, xaropes, licores e águas medicinais da década de 1920. A mensagem era clara: o estômago devia ser "liberado" de toda "sujeira", o sangue precisava circular com facilidade e os pulmões necessitavam otimizar o trabalho respiratório.

Mas não se tratava apenas de curar ou limpar nem de forçar o organismo a voltar às suas atividades naturais. O que se pretendia desde então era "melhorar modificando". Para os homens, sobretudo por meio dos remédios, do esporte e da educação física, tratava-se de superar limites fisiológicos até então considerados naturais. Para operar tal proeza, era preciso descongestionar o corpo, liberá-lo de todo peso inútil.

Justamente nessa época de aversão aos "organismos congestionados", acentua-se a intolerância ao meio urbano obstruído por aglomerações consideradas ociosas e perigosas. A moda não poderia ficar distante dessa tendência, cujas características não eram apenas brasileiras. Em várias cidades do mundo, as mulheres buscaram uma silhueta cujo aspecto sugeria a possibilidade de ser veloz: o uso de tecidos finos e transparentes, dos vestidos retos que se opunham ao aperto do ventre foram exemplos ilustrativos de uma espécie de paixão pelas superfícies planas.

Era preciso descongestionar, limpar, tornar útil e veloz os corpos e as cidades. No que concerne aos corpos, Urodonal era um remédio recomendado para "lavar o sangue" e o Alcatrão-Guyet servia como "polícia dos pulmões", ajudando a descongestioná-lo.[140] Vários anúncios expressavam uma grande preocupação em relação aos "restos de comida" que não eram devidamente aproveitados pelo estômago e que se depositavam "ociosamente" entre os dentes. O conjunto do corpo humano revelou-se subitamente lento: não bastava contentar-se com a digestão natural, era preciso dinamizá-la com o consumo de remédios e atividades físicas.

O antigo mito da eficácia corporal encontrava, portanto, novos produtos e argumentos para florescer. O tema não é novo. A emergência do desenvolvimento industrial sob a égide da termodinâmica havia colocado na ordem do dia uma espécie de paradigma energético: os corpos humanos e as máquinas deveriam ser grandes produtores de energia.[141] No Brasil, os balneários, os digestivos e purgantes, assim como o entusiasmo pelos banhos de mar[142] e pelas férias oferecidas em termas,[143] associavam-se à ambição de desembaraçar o corpo de tudo que parecesse inútil ou ocioso para, enfim, aumentar suas capacidades energéticas. É claro que nem sempre esse ideal produtivista foi vencedor, especialmente no seio da elite mundana, para quem o ócio significava distinção social e satisfação pessoal. Mas muitos anúncios de remédios não hesitavam em recomendar a cura de uma espécie de "preguiça natural" do organismo, como se o corpo todo vivesse numa lentidão cujo combate dependia da ciência ou como se o organismo não trabalhasse suficientemente bem e precisasse ser impulsionado, constantemente, por meio de exercícios e remédios.[144]

Nesse sentido, o aumento da medicalização do corpo obteve apoio de grande parte da propaganda. A "insuficiência gastro-assimilante" era, por exemplo, um problema presente nos anúncios dos remédios para combater o enfraquecimento físico e mental.[145] Às vezes, a aliança entre trabalho e medicina chegava a ser claramente explicitada. Em "o banho e o trabalho", recomendava-se, todos os dias, "um banho de água fria para limpar a pelle" e "regenerar os nervos". Mas, além desse banho, havia a necessidade de um outro, que fosse interno, proporcionado pela ingestão das pastilhas Salvitae, capazes, segundo a propaganda, de aliviar dores intestinais e promover mais disposição física.[146] O tratamento recomendado ao corpo lembrava, em parte, aquele esperado das máquinas industriais. A associação entre corpo e máquina podia ser pouco original, mas, a partir de então, tratava-se de valorizar mecanismos movidos por um *motor*: enquanto "máquina energética", o corpo possuiria "um líquido que contém todos os elementos physiológicos que é o sangue, um motor que imprime no sangue um movimento energético e que se chama coração e os condutores que se ramificam ao infinito e distribuem o sangue a todos os orgãos".[147]

Nos anos 1920, o motor corporal era representado pelo coração ou pelos pulmões. Os muito gordos o eram sobretudo porque seus "motores" não trabalhavam suficientemente bem, daí o excesso de gordura em seus corpos. Aliás, o culto ao emagrecimento foi inserido na propaganda e nas imagens impressas principalmente a partir dessa década, quando o Brasil contava com cerca de 186 laboratórios farmacêuticos.[148] Vários deles fabricavam medicamentos para emagrecer. Nos Estados Unidos, a exigência do emagrecimento recaía mais sobre as moças do que sobre os rapazes. Para o sexo masculino, o maior problema era a falta de peso, e não o seu excesso.[149] No Brasil ocorria o mesmo; mas, tanto para as mulheres como para os homens, os rigores dos regimes não incluíam ainda o detalhamento das normas hoje amplamente conhecidas.

Se, por um lado, era necessário acelerar o trabalho orgânico para produzir mais energia aos adultos, por outro, havia a ambição de promover a robustez das crianças e dos jovens.[150] Nos anúncios para os produtos do Dr. Raul Leite & Cia, cerca de 13 remédios eram recomendados para doenças diversas.[151] Entre eles, estavam os tônicos, os xaropes à base de ferro e fosfato, além das receitas para fortalecer os nervos. Saúde significava, principalmente, força para trabalhar. Era preciso aumentar a capacidade muscular, a resistência às durezas da vida, como as variações do clima e o aumento das tarefas produtivas. A influência das referências norte-americanas eram evidentes, sobretudo em relação à educação das mulheres e das crianças. Os Estados Unidos também passaram a ser um modelo a seguir devido ao seu investimento na expansão de escolas de dança e de cultura física, com o intuito de evitar o raquitismo e encorajar a prática de uma vida atlética avessa ao sedentarismo e ao consumo de álcool.

Para complicar ainda mais esse ímpeto em prol da saúde, a palavra *hormônio*, inventada no começo do século xx, logo desenharia uma nova geografia corporal para ambos os sexos. Testosterona tornou-se uma palavra comumente associada à virilidade masculina, ao passo que as espinhas no rosto dos adolescente e os fogachos da menopausa assumiriam a forma de "problemas hormonais".

O sonho da beleza helênica

Feio por fora e bonito por dentro não é uma crença nova na história nem uma especificidade brasileira. No Brasil, entre as décadas de 1910 e 1920, médicos e higienistas de inspiração eugênica publicaram inúmeros textos nos quais a beleza feminina e a força masculina dependiam das "raças".[152] Segundo Renato Kehl, médico e grande promotor do eugenismo no país, a moda da década de 1920, especialmente os vestidos de linhas geométricas, decotados e curtos, contribuíam para expor o corpo feminino, oferecendo as imperfeições físicas à visibilidade pública.[153]

Eugenistas como Renato Kehl criticavam as mulheres de "seios caídos", ventres flácidos e volumosos, pernas curtas e "aparência mestiça". Tais críticas permearam um amplo espectro de publicações nacionais, contribuindo para o desenvolvimento da medicalização da saúde.[154] A beleza feminina inspirada na estética da Grécia clássica esteve presente durante anos na *Revista Educação Physica*.[155] Nos *Anais de Eugenia* de 1919, da Sociedade Eugênica de São Paulo, havia uma seção destinada "às moças feias e às moças belas".[156] Nela, percebe-se um consenso em torno da ideia de que a beleza feminina devia seguir as formas da "magnífica Afrodite".[157] Kehl lamentava a preferência tropical por mulheres "cheinhas de corpo", com nádegas e seios volumosos. Ele também criticava o gosto por corpos frágeis, pelas mulheres-bonecas, avessas à prática do esporte e da educação física. Muitas mulheres, mesmo sendo brancas, eram vistas como artifícios em forma de gente, seres franzinos e fracos.[158] Kehl não escondia o desejo de ver senhoritas "helênicas" nas praias brasileiras, que, segundo ele, eram mulheres com seios e pernas firmes, pele lisa, sem marcas de doenças.

Escritores e médicos afinados com essa maneira de pensar criticavam os corpos dos brasileiros e brasileiras de maneira dura: "a recente moda das saias curtas revelou o que muita gente ignorava, isto é a que ponto chegou a deformação dos pés entre mulheres".[159] Alguns escreveram sobre as "partes mais secretas", "protegidas pelas roupas", "pouco arejadas". Afirmavam em tom peremptório que, com "a ação das glândulas sudoríparas", tais partes podiam sofrer uma "fermentação desagradável, irritante, acompanhada por um odor ativo e incômodo".[160]

No limite, poder-se-ia supor que, fora da estética silenciosa das estátuas gregas e à luz dos trópicos, a nudez era um fenômeno obsceno, promíscuo ou então desprovido da verdadeira graça. Aliás, para vários médicos, eugenistas ou não, num país com problemas gritantes de saneamento básico como o Brasil, a nudez era a expressão de aberrações físicas, doenças, deformidades e atraso.

Ao ler os textos de eugenistas e higienistas inspirados nesses pressupostos, percebe-se o quanto a "raça" dependia da estética.[161] De modo geral, o pensamento médico e higiênico, em seu viés eugenista, pretendia compreender os fatos humanos à luz da necessidade de aperfeiçoar a "raça", explicando o social a partir do biológico.[162] A tendência eugênica buscava uma descendência saudável, corrigindo o corpo sem necessariamente modificar as condições econômicas da população. Havia a expectativa de formar indivíduos produtivos, obedientes, saudáveis e belos, sem questionar as razões sociais, econômicas e políticas das doenças e de tudo o que se entendia por feiura.

No Brasil, vários eugenistas mostravam-se entusiasmados em embelezar os corpos, deles eliminando os traços de doença e fraqueza. As aversões às aparências doentes pareciam bem maiores do que a intolerância a determinadas "raças". Inúmeros problemas ditos raciais concentravam-se na superfície dos corpos, mais do que em suas origens.[163]

Para os médicos de inspiração eugenista, toda a beleza externa possuía um foco interno. No caso feminino, o foco estava nos órgãos reprodutores.[164] Já para os homens, não havia propriamente um foco, mas uma força que atravessava vários órgãos e lhes garantia saúde e formosura. O coração mantinha algum destaque, assim como os pulmões.[165] A correspondência entre digestão e beleza facial era frequente, abarcando homens e mulheres: "estômago sujo" provocava um aspecto cansado ao rosto, incluindo olheiras e manchas. Nos anos 1920, as doenças pulmonares eram temidas, mas supunha-se que a feiura era causada, sobretudo, por digestões difíceis e, no caso feminino, por doenças uterinas.

A relação entre saúde dos órgãos e beleza do rosto tornou-se moeda corrente em diversos anúncios impressos.[166] Em "O estomago e a expressão pysionomica", segundo um médico considerado notável, a associação entre falta de beleza e "deficiência digestiva" era clara: 90% das pessoas com ar tristonho, irritadiço, sem boa aparência possuíam problemas de digestão.[167] Ao lado dos conselhos sobre a maternidade e o casamento, os cuidados com os exercícios, a respiração e a alimentação ganharam um peso significativo, contribuindo para que se percebesse o quanto a saúde depende da beleza e vice-versa.[168]

Não por acaso, os concursos de beleza criados no começo da década de 1920 e divulgados pela imprensa estavam sintonizados com a ambição de desenvolver estudos sobre a melhoria da saúde e da beleza.[169] Para selecionar a mulher mais bela, as medidas anatômicas não eram um critério importante, embora já houvesse, desde o final do século anterior, alguma atenção em pontuar a beleza em centímetros. Por exemplo, um artigo de 1893, no jornal *Correio Paulistano*, defendia as seguintes medidas para a donzela mais perfeita e elegante: 83 de busto, 70 de cintura e 91 de quadril.[170]

A propaganda das *misses* e das candidatas tendia a centralizar as atenções sobre o rosto e os cabelos, valorizando a origem geográfica – e não racial – de cada mulher. A concepção de que a pele alva era a mais bela aparecia sem constrangimento nos concursos de *misses* e em muitos anúncios publicitários.[171] Aliás, a pele alva não se limitava à brancura, pois abarcava, também, a ausência de manchas e cicatrizes. Moças alvinhas, conforme se dizia, simbolizavam saúde, *status*, riqueza e limpeza.

Outro problema de entendimento estava na noção de excelência física. Para alguns higienistas, a ginástica não devia se limitar à condição de um belo espetáculo: no lugar da "antiga ginástica de exibição, a acrobacia", precisava haver um "investimento nos movimentos e nas atitudes".[172] Isso porque o organismo precisava funcionar como uma máquina. A ginástica seria um meio de melhorar a saúde pulmonar e "azeitar a máquina", tornando-a forte e bela. Entretanto, nas escolas brasileiras, muitas meninas não podiam participar das aulas de educação física.[173] Mesmo para os higienistas, a ginástica feminina devia ser moderada. Para outros, ela não passava de um "auxiliar pedagógico", bom para o desenvolvimento da sociabilidade e das boas maneiras.

Resta que, para ambos os sexos, o eugenismo ainda não falava em nome do bem-estar individual.[174] A finalidade principal era permeada por objetivos gerais, incluindo a construção de um povo saudável e belo. Mesmo no seio da intolerância às aparências que sugeriam algum traço de indolência, era possível encontrar muitas resistências, como as alusões elogiosas aos comportamentos contemplativos e à beleza inspiradora mais do sonho do que de ações ligadas ao trabalho. Não se esforçar fisicamente ainda alimentava um imaginário no qual quem trabalhava era pobre ou então menos arguto do que os mais abastados. E, especialmente nas estações calmosas, conforme se dizia, o elogio à preguiça parecia adquirir direito natural de expressão em algumas troças e poesias difundias pela imprensa: "Quando os moralistas imaginam que não estamos fazendo cousa alguma é porque não podem ver nossa imaginação galopando desenfreada pelo mundo da fantasia."[175]

Para tornar a situação dos eugenistas ainda mais difícil, na medida em que o corpo feminino era fotografado fora dos ambientes domésticos, a sugestão à diversão e ao repouso rompia algumas de suas intenções, justamente lá onde elas se esmeravam em permanecer rígidas. Os exemplos foram abundantes a esse respeito. Fotografias de banhistas ganharam mais espaço na imprensa, expondo os corpos com roupas de banho, numa clara sugestão à gratuidade das brincadeiras, dos namoricos e flertes.[176] A sedução da vida mundana permanecia fiel à valorização de certo ócio, pouco submisso ao pretenso adestramento da ginástica proposta dentro do exército e em algumas escolas. E mais: naqueles anos, a ênfase na higiene ainda não contrariava o uso de produtos como a cocaína. Segundo um artigo da *Eu sei tudo,* "nem uma só cantora, nem um só intelectual deixou de usar a maravilhosa droga e de proclamar as virtudes da planta de delicioso aroma." Reconhecia-se que os excessos no consumo da droga eram prejudiciais, mas um consumo pequeno ainda podia ser visto como normal.[177] Práticas hoje consideradas negativas para a saúde não o eram necessariamente no começo do século xx.

E, por fim, mesmo quando a limpeza do corpo estava em foco, ainda permanecia vigorosa a valorização de uma pitada de malícia e de troça, tal como esta, popular na década de 1920:

> As que se lavam com Reuter,
> Não devem na egreja entrar;
> Si os santos sentem-lhe o cheiro...
> São capazes de peccar!

O homem belo

Rodolfo Valentino foi um dos primeiros símbolos sexuais do cinema norte-americano. Morreu aos 31 anos. Fãs de várias partes do mundo choraram o desaparecimento do astro.[178] Seu sucesso ocorreu em meio à propaganda destinada a estimular os homens a serem vaidosos e a cuidarem sozinhos de sua aparência.

Valentino exibia nas telas um rosto liso, uma beleza diferente daquela ilustrada pelos barbudos do século anterior. A atriz Louise Brooks, a Lulu de Pabst, chegou a indagar: "Qual mulher não admira a sua cara de trapaceiro?"[179] A virilidade de Valentino combinava com seu semblante maquiado, espetacularmente divulgado pelo cinema e pela imprensa. Havia quem questionasse sua masculinidade, justamente quando a beleza física já era vista como um "talisman" poderoso para obter prestígio, *status* e riqueza.[180]

Em 1901, a sociedade norte-americana chamada Gillette inventou a "navalha de segurança", com 12 lâminas que não precisavam ser amoladas nem afiadas. Seus anúncios diziam que qualquer cavalheiro podia, sozinho, fazer a barba. Mas muitos homens já se barbeavam sem a ajuda do barbeiro, em casa, diante de um pequeno espelho, sobre uma pia ou um lavatório com gavetas.[181] Em 1928, surgiu o barbeador elétrico.[182]

Na capital paulista dos anos 1920, as profissões de manicure e pedicura eram exercidas, também, por homens.[183] Os salões de beleza tendiam a se concentrar nas partes centrais das grandes cidades, assim como as barbearias. Mas não demorou muito para que esses espaços de limpeza e embelezamento se alastrassem para outras regiões do país. Após a década de 1930, mais mulheres passaram a exercer os ofícios de cabeleireira e manicure, embora seja muito recente a lei brasileira que regulamenta as profissões de esteticista, maquiador, manicure, pedicura, cabeleireiro, barbeiro e depilador.[184]

À primeira vista, os cuidados com as unhas e os cabelos não pareciam importantes aos homens que viviam distantes da vida citadina. Mas havia certa variedade nas referências da beleza e, ao mesmo tempo, alguma similitude em torno de determinadas práticas: lavar os pés antes de dormir e pentear os cabelos no começo

ARTIFÍCIOS PARA A FORMOSURA

do dia integravam a rotina de ambos os sexos, na cidade e na roça. Tendo em vista que o Brasil era um país mais rural do que urbano, a imagem do homem que, montado a cavalo, atravessava a escuridão da noite em meio a matagais, de peito aberto perante o desconhecido, ainda permanecia forte em diversos textos literários e nos jornais. As figuras do pescador paciente e corajoso, do barqueiro incansável e do caçador astuto e veloz confirmavam a associação antiga entre masculinidade e bravura, ambas fabricadas nos embates com as forças naturais ou, então, sobrenaturais. Enfrentar assombrações e seres do outro mundo era uma maneira de provar coragem e, portanto, esculpir uma aparência admirável.

Com o desenvolvimento urbano, essas imagens sofreram a concorrência de outras, mais contemporâneas. Os exímios condutores de automóveis, assim como o *sportman*, que aceitava correr riscos em competições antes inimagináveis, tornaram-se alguns dos novos heróis dos anos 1920. O nome do brasileiro Santos Dumont, por exemplo, está relacionado à invenção do avião e a várias modas sintonizadas com a vida moderna. Mas havia receios masculinos muito antigos, capazes de inquietar homens de todos os tipos, mesmo aqueles considerados pouco afinados com as modernices da época: a calvície, por exemplo, há muito representa um problema estético importante.[185] Na época do Brasil imperial, alguns médicos já receitavam remédios para esse problema, como um composto feito "de manteiga de urso, môsca ou rã queimada".[186] A queda dos cabelos assombrava senhores e senhoras. A loção Pétrole Hahn, por exemplo, destinava-se aos dois sexos. Nos primórdios da revista *Fon-Fon*, as receitas caseiras para vencer a calvície eram criticadas e a promessa de milagres era alvo de chacota. Assim, para se livrar do aspecto de "bola de corrimão de escada" recomendava-se, "todas as manhãs, em jejum, lamber a própria careca. Receita infalível".[187]

Talvez ainda houvesse quem pensasse que os carecas eram mais inteligentes que os cabeludos.[188] Mas a verdade é que muitos tentavam disfarçar a falta de cabelo puxando para cima os fios restantes nas laterais, artimanha ainda hoje em voga. Os anúncios para a loção Pilogenio eram otimistas, pois diziam que o produto servia a qualquer caso, sempre fazendo "vir o cabello novo e abundante".[189] Ainda havia anúncios que associavam a calvície à

No começo do século XX, Santos Dumont representou uma elegância moderna e cosmopolita.

falta de higiene ou ao avanço natural da idade. Mas, diferentemente dos produtos atuais, a maior parte dos antigos remédios mantinha um caráter genérico: um dos anúncios da Loção Brilhante, por exemplo, sublinhava que com o seu uso desaparecia a caspa, cessava a queda dos cabelos e retornava a "côr natural primitiva, sem serem tingidos".[190] O Tônico Japonês, um produto anunciado nos anos 1910, perfumava os cabelos e destruía os parasitas.[191] Piolhos eram problemas não apenas infantis, e alguns anúncios se encarregavam de divulgar produtos para aniquilá-los.

Na França, uma propaganda da tintura de cabelos chamada Jouventine de Junon anunciava que esse produto era vendido no

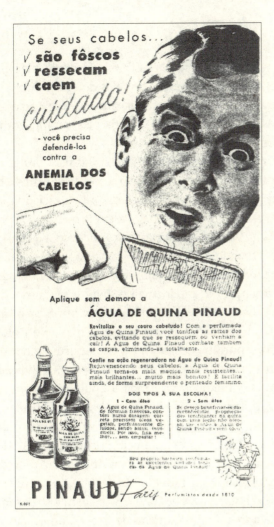

O antigo medo da calvície era mostrado de modo claro na propaganda de tônicos e loções; o uso do chapéu ainda poupava os homens de deixar a careca descoberta.

Institut de Calvitie.[192] Isso porque o referido instituto era um local destinado a combater o enfraquecimento e a queda dos cabelos masculinos. Entretanto, no Brasil, permanecia a tendência de cuidar de problemas diversos com uma única solução.

O medo da calvície era certamente suplantado pelo receio das doenças venéreas, aliviado mais tarde com o uso de antibióticos, ou então pelo antigo temor da impotência. As receitas brasileiras para curá-la são antigas e variadas. Por exemplo, um professor e escritor cearense conta que um senhor tentou combater sua fraqueza sexual tomando chá da raiz do *Ficus benjamin*. A razão, contou o homem, devia-se à força dessa raiz, capaz de "levantar até mesmo o cimento das calçadas".[193] O pressuposto de que havia similitude entre as forças naturais e aquelas do corpo humano imperava nas tradições que recomendavam um leque variado de raízes e folhas, em forma de chás e garrafadas, sempre com o intuito de erguer a potência desvalida.

Também eram vendidos remédios industriais para o mesmo mal, com fórmulas que pareciam independentes do cosmos e do corpo. Nos anos 1920, um soro estimulante foi anunciado pela imprensa. Chamava-se Hormandrico.[194] Panaceia ou não, sua propaganda garantia que bastava algumas doses para repor a energia sexual desejada, tornando o homem apto para a cópula e o prazer. Remédios assim também podiam melhorar a neurastenia, acusada de ser uma doença típica de intelectuais e sujeitos excêntricos.

Havia ainda o Elixir de Inhame, destinado a purificar o sangue e a melhorar as atividades gerais do corpo masculino, além do Elixir 914, um depurativo, e do Vinho Caramuru, do doutor Assis. Este último era anunciado como um "específico indicado pelos mais distinctos médicos do Brazil, Republica Argentina, Chile, Hespanha, Portugal etc. etc. para a cura radical de todas as moléstias nervosas gennito urinarias fraqueza geral, anemia cores pálidas, leucorrheas, etc.".[195] Outro anúncio, das pílulas de Bruzzi, dizia que esse remédio era "o melhor específico vegetal descoberto para as gonorreias" e a "fraqueza genital".[196] O receio de ser derrubado por essa fraqueza alimentava a propaganda de dezenas de "gotas estimulantes", como aquelas de Jones, anunciadas na imprensa baiana. Elas podiam ser compradas pelo correio e eram fabricadas no Rio de Janeiro.[197] Havia também as gotas estimulantes do doutor Bettencourt e o famoso Elixir de Nogueira.[198]

Tendo fé ou não nessas fórmulas, havia quem recorresse às fantasias alimentadas por uma literatura anunciada em publicações mundanas: "Contos para velhos. Acaba de sahir do prelo e está a venda o monumental livro de contos sensuais e escandalosos, intitulado Colleção de Fogo".[199]

Antiga permanência na história: o belo homem rima com a imagem de um ser fogoso. "Dar no couro" – mantém-se, assim, uma condição masculina importantíssima. Esta era confirmada em narrativas sobre a vitória das conquistas amorosas, muito mais

Beleza masculina rima com virilidade. A propaganda de remédios para aumentar a força sexual dos homens esteve inúmeras vezes presente na imprensa brasileira.

fácil de ser explicitada do que o medo de falhar, como se o fato de dizê-lo já fosse um atestado de impotência invencível, uma vergonha que pede esconderijo a sete chaves. Há muito, a solidão do homem diante de seu membro flácido contrasta com a imagem do macho visivelmente pronto para o ataque.

Os "homens de mentira" eram os frouxos e choramingões, seres acometidos por tremedeiras visíveis diante de qualquer ameaça. Mesmo a passagem da vida rural para a urbana podia levantar suspeitas em torno da masculinidade. A esse respeito, um antigo livro do escritor Heraldo Barbuy mostrou que nem todos os brasileiros achavam bonito um cavalheiro atravessar "as matas e os montes, assim, fumando um charuto, sentado no vagão de uma estrada de ferro". Macho de verdade andava à cavalo, com facão à cinta, peito aberto pelo mato afora.[200] Em muitos cantões do Brasil, o belo homem devia expressar uma boa dose de rudeza e destemor diante das forças da natureza.

Feinhos sedutores

O livro de Umberto Eco sobre a história da feiura mostra seu horror espetacular. As aparências medonhas evocam as forças infernais, escapulindo dos limites da figura humana e beirando a monstruosidade.[201] Entretanto, é para os feios de todos os dias que a maior parte dos conselhos publicados nas revistas brasileiras se dirige: feinhos em algumas partes e não em outras, feios que não causam aversão, mas pedem conserto, feiozinhos comuns, homens julgados sem graça, desprovidos de dons estéticos, em suma, feinhos banais.

Sexo feio, escreveu Schopenhauer a propósito do homem.[202] No entanto, a partilha dos charmes da feiura não é igualitária entre homens e mulheres. A feiura masculina usufruiu de maior aceitação do que a feminina. Homens medonhos ainda assim puderam ser considerados charmosos. No caso das mulheres, tudo se complica. O rei francês do século XIV Jean Le Bon era reconhecidamente tão feio quanto sedutor. E ele não foi o único. A histórica divisão entre os sexos parece ter sido desigual nesse aspecto. As explicações não são simples nem poucas. Entre elas há a suspeita de que, em culturas nas quais os homens são os principais encarregados da luta pública pelo sustento familiar e a administração social, suas aparências precisam expressar alguma ferocidade. E a aparência feroz está menos comprometida com uma suposta doçura ou alguma harmonia das feições. Por conseguinte, uma cara bestial evoca a masculinidade da fera e sugere o sucesso.

Segundo essa suposição, alguns feios podem encontrar aceitação e até mesmo algum elogio, mas desde que sejam fisicamente fortes. Assim, um velho problema persiste quando se trata da beleza masculina: a força física. O homem feio tende a ser centenas de vezes pior se o seu corpo mostrar fraqueza. De todo modo, há feios bestiais, feios monstruosos, feios julgados doentes e, ainda, o feiozinho comum. Considerando este último, a imprensa brasileira divulgou numerosos exemplos em forma de chacota: homens baixinhos, barrigudos ou magricelas compuseram alguns dos tipos preferidos das piadas publicadas. Tornavam-se, contudo, charmosos se fossem espertos e engraçados.

A imprensa não era, certamente, o único espaço de divulgação dos feiosos. A literatura, o cinema e a música foram instrumentos importantes para a sua difusão. A letra de uma música de Noel Rosa, intitulada "Tarzan (o filho do alfaiate)", é um delicioso exemplo dessa tendência:

> Quem foi que disse que eu era forte?
> Nunca pratiquei esporte, nem conheço futebol...
> O meu parceiro sempre foi o travesseiro.
> E eu passo o ano inteiro sem ver um raio de sol.
> A minha força bruta reside
> em um clássico cabide,
> já cansado de sofrer [...]
> Não há homem que consiga
> nos meus músculos pegar.

O feiozinho podia seduzir e provocar risos ao fazer pilhéria de seu próprio estado. O tema é antigo. No jornal *O Rio Nu*, vários feios contrastavam com jovens belas e sedutoras.[203] Suas atraentes curvas tornavam-se ainda mais eróticas ao lado de senhores desprovidos de formosura. Homens assim também eram figuras utilíssimas à propaganda política e à crítica social. Ainda não era politicamente incorreto rir dos corpos desprovidos de beleza.

Vários artistas e atores famosos internacionalmente expressaram a possibilidade de contornar alguma falta de beleza ou mesmo de compensá-la com talento e charme. No começo dos anos 1950, havia o boato na imprensa de que Humphrey Bogart, "sendo feio e já um tanto gasto pelo tempo", desfrutaria de uma popularidade inigualável na cinematografia mundial:

> Bogart, em verdade, não é bonito; é até feio. Mas sua fealdade lhe dá aquele ar duro de homem vivido, de homem que tem um passado concentrado em seu íntimo. Homem de vida interior. E as mulheres gostam disso. Gostam de sua dureza, do seu olhar frio, da sua indiferença, da rudeza de seus gestos. Isso lhe dá masculinidade. Seu passado é sempre um mistério.[204]

Densidade de um passado vislumbrada no modo de olhar, no gesto de levar o cigarro à boca, no ligeiro toque dado ao chapéu e na elegância impecável da vestimenta. Os atributos do charme são difíceis de detectar com precisão, mas o cinema soube explorá-los com maestria. Léa da Silva em "A voz da Belleza", da *Revista da Semana*, aconselhava muitos truques para combater o aspecto feio, especialmente no rosto feminino.

Mostrava-se a feiura e falava-se nela com crueldade e desprezo. Alguns escritores não poupavam sarcasmo diante dos feios. Berilo Neves, por exemplo, escritor conhecido na década de 1930, publicou um artigo intitulado "o pecado de ser feio", no qual afirmou que a fealdade podia ter origem microbiana.[205] "Nada mais natural", sublinhou Neves, "que a feiura pague imposto". Para o escritor, os feios e as feias eram um descalabro da natureza e da cultura, um desaforo, prejudicial à saúde e à visão. Num artigo de 1936, o mesmo autor concluiu que "depois dos 40 a mulher decai".[206] Em outro, sobre "as leis geométricas da beleza", ele escreveu:

> nada melhor para a myopia do que a visão de um bello corpo. Certas mulheres, em maillot, curam instantaneamente as conjuntivites... Por outro lado, as pernas tornas, as barrigas esfericamente imensas, os hombros derreados, os braços em forma de caniço – agravam as enxaquecas, fazem subir a febre, e podem acarretar uma crise de meningite... Nas casas onde ha muitas pessoas feias, os médicos entram com frequência... A fealdade é um toxico como o sulfato de cobre.

A crítica à feiura não era exclusividade dos textos de Neves. Na mesma época, apareceu na *Revista da Semana* uma imponente matéria sobre os progressos da cirurgia plástica em Paris, com uma fotografia dos cirurgiões em pleno trabalho. Intitulado "Esculptura sobre a carne", o texto não escondia o seguinte desejo: "d'aqui a vinte annos será tão inconveniente ser feio como ser sujo".[207] No ano seguinte, mais uma matéria, dessa vez inserida dentro dos preceitos de higiene, aconselhou sobre o dever de "remediar a fealdade", "consertar narizes" e "recollar orelhas".[208]

Berilo Neves foi, portanto, apenas um entre os vários escritores daqueles anos cujos textos continham a expectativa de acabar de uma vez por todas com a feiura. E, a partir da década de 1930, essa expectativa passou a contar, cada vez mais, com a possibilidade das intervenções no corpo, não apenas cosméticas e dietéticas, mas também cirúrgicas.

A brancura da pele e a lisura dos cabelos

Max Factor criou uma maquiagem para clarear a pele morena de Rodolfo Valentino. Nas décadas de 1920 e 1930, mesmo com a voga do bronzeamento à beira-mar, a pele branca imperava na propaganda de diversos produtos de beleza. Havia conselhos que sugeriam a proximidade entre sujeira, doença e pele escura. Pior ainda, havia quem empregasse a expressão "pele encardida". Uma parte da propaganda reforçava o preconceito de que a mestiçagem era a causa de um trio supostamente inseparável: atraso cultural, indolência e sujeira.

Contudo, outra parte dos anúncios difundia a ideia de que mesmo os "mais morenos" exalavam charme, porque eram exóticos, como se por seu intermédio fosse possível experimentar devaneios secretos, fundamentais para a sustentação do consumo de alguns produtos industrializados, como os perfumes. Uma parte desse exotismo recorria às representações de uma beleza indígena. Irajá, por exemplo, elogiava a vida dos índios, "de movimento", em contato com a natureza, distantes do ar "vicioso das cidades". Mas esse autor também não hesitava em atribuir a todos os indígenas a barbárie, a ignorância e a falta de higiene. Acreditava que o povo brasileiro se tornaria cada vez mais branco e, ao mesmo tempo, defendia a beleza resultante do cruzamento entre pessoas saudáveis.

Irajá expressava um pensamento comum em sua época, segundo o qual a mestiçagem era vista de maneira positiva e negativa ao mesmo tempo. Em terras sul-americanas, "o mulato, ou mais apropriadamente, a mulata, e o *mestizo*, são tão elogiados como expressões nacionais típicas quanto execrados como prova de degeneração da raça colonizadora em contato com os colonizados".[209]

Em grande medida, as elites brasileiras tinham dificuldade em comprovar alguma pureza racial em seu seio. A suposta culinária estética do "tempero" mantinha-se acentuada. Muitos tentavam ajeitar brutalmente a vontade de ser branco com a ambição de representar uma nação na qual havia forte presença de negros e mestiços. Os anúncios de pós e cremes para o rosto eram menos dispostos a fazer tais conciliações. Neles, os brancos associavam-se às condutas saudáveis e a um modelo único de beleza: "uma pele branca, delicada e fina, dentro da qual se vê circular a vida, deve o ser o ideal de toda mulher". Peles "encardidas", conforme anunciava a propaganda, precisariam ser regeneradas. E não eram poucas as receitas dedicadas a esse trabalho: a máscara feita de leite, clara de ovo, suco de limão e óleo de amêndoas prometia bons resultados, assim como a lavagem do rosto com a água que serviu para a lavagem do arroz branco. O uso constante do talco também estava associado ao valor da higiene e à capacidade de "esconder manchas e uma pele queimada pelo sol",

ARTIFÍCIOS PARA A FORMOSURA

mais sugestiva do labor duro do que do lazer das famílias ricas. Paradoxalmente, contudo, a ideia de "pele encardida" supunha que bastava uma limpeza externa para obter alguma alvura.

Ao mesmo tempo, ser moreno ou se dizer moreno permaneciam situações relativamente elásticas e variáveis na imprensa. A presença da pele clara, contrastada com sobrancelhas e cabelos escuros era muito comum nas fotografias das revistas femininas e também nos retratos de rostos masculinos. Entre os ideais de beleza para ambos os sexos, os "morenos claros" usufruíam de grande prestígio, talvez um pouco maior do que se verá mais tarde, quando os louros bronzeados ocuparão um lugar de destaque na publicidade.

Mas, durante muito tempo, o brutal preconceito existente no Brasil diante da pele negra e do cabelo "carapinha" foi exposto sem grandes pudores em jornais e revistas. Às vezes, atribuía-se maior preconceito ao passado, como se dessa maneira fosse possível amenizar as desigualdades sociais do presente. Num texto publicado em 1920, por exemplo, o preconceito sofrido pelo engenheiro André Rebouças no século XIX, durante um baile no Palácio Imperial, foi relatado da seguinte forma: "Todo o seu valor, todo o brilho que o seu nome emprestava á engenharia nacional, não tinham podido aos olhos do publico vulgar endireitar-lhe o nariz de cabinda, nem lhe alisar a carapinha." O autor sublinha que Rebouças era "inteiramente cafuso" e se viu completamente isolado em meio aos brancos, repudiado por todos, repelido "como uma cousa abjecta". Segundo o autor, que também não estava isento de preconceitos, a princesa Isabel, ao perceber a hostilidade diante do negro, convidou-o para dançar: "a corte maravilhada via um descendente de escravos enlaçar aquella magnânima filha de reis".[210]

O preconceito também favorecia a invenção de misticismos cultivados entre os brancos ou entre os que se achavam mais brancos do que a maior parte da população: havia quem acreditasse que passar a mão sobre a "carapinha de um preto" trazia sorte.[211] A pele negra não era confundida com a pele bronzeada dos brancos que, nos anos 1930, tendia a ser mais valorizada no Rio de Janeiro do que em São Paulo.[212]

Ao mesmo tempo, a preferência pela pele morena indicava muitas vezes uma intolerância à pele negra. Até hoje, o tema sugere reflexões importantes, como a da jornalista Conceição Lourenço, editora da revista *Raça*, cujo primeiro número foi publicado em setembro de 1996. Ela considera que "as revistas atuais não atendem os negros porque não são direcionadas a eles. Isso é percebido principalmente na área de estética".[213] No passado recente, a beleza das negras e mulatas tendeu a ser amplamente negada ou, então, tratada de modo inferior pela mídia. Mesmo em plena voga do Cinema Novo, quando a intenção foi a de valorizar a trajetória da atriz negra Luísa Maranhão, uma reportagem da revista *Cinelândia* a chamou de "Sophia Loren em negativo".[214]

A partir de 1980, o mercado brasileiro se voltou mais para os negros e ao que passou a ser chamado de "cabelo afro". Produtos específicos para reduzir a oleosidade da pele negra também se impuseram no mercado, assim como conselhos para tratá-la hoje espalhados em revistas e sites da internet. A Nazca Cosméticos, fundada em 1986, foi uma das marcas pioneiras no Brasil a fabricar produtos para as negras. Dez anos mais tarde, ela criou uma linha de produtos chamada Sphere, exclusiva para cuidar de cabelos crespos e cacheados. Em 1990, outra empresa brasileira, a Niely Cosméticos, lançou a linha "Permanente Afro", justamente numa época em que a expressão "mercado étnico" passou a indicar novos lucros para as empresas de cosméticos, internacionais e nacionais.

No entanto, nas décadas de 1920 e 1930, branquear a pele ainda era um conselho visto como positivo, um tema forte na propaganda de cosméticos, inclusive na imprensa negra. Segundo o anúncio, o creme Leir, além de servir para melhorar o aspecto de um rosto cheio de espinhas, ajudava a retirar manchas e a clarear a pele. "Morena jambo" era um ideal de beleza presente, por exemplo, no jornal *Elite*, de 1924, que divulgava os resultados dos concursos de beleza promovidos pelo Gremio Dramático Recreativo e Literario "Elite da Liberdade", a partir do envio de fotografias das leitoras.[215] A busca da beleza marcou a imprensa negra tanto quanto as piadas a respeito da feiura:

Acusam-me sr. padre, de pintar o rosto, disse ao confessor uma confessanda.

– Mas com que fim faz isto minha filha?

– É para parecer mais formosa.

Pos os óculos o confessor, olha-a com atenção e vendo que era a mais feia criatura que conhecera, disse-lhe com a maior ingenuidade:

– Pois continue, continue, porque está ainda muito longe do que deseja.[216]

Já no jornal paulista *Tribuna Negra* de 1935, havia o seguinte anúncio:

> Alize e ondule seu cabelo com CANDIDA. E quando você passar alguém dirá: "Que lindo cabelo". Av. Brigadeiro Luiz Antonio, 114[217]

Progressivamente, contudo, um número maior de críticas às intolerâncias diante de negros e mulatos ganhou espaço na imprensa e contribuiu para transformar, ainda que parcialmente, a ênfase no branqueamento das raças. Em 1952, jogadores de futebol negros foram barrados num restaurante, e um artigo do jornal trouxe a reclamação: "não há nada mais estupido do que preconceito de cor no Brasil". Esse não foi o único caso ocorrido no país. Entretanto, o acontecimento virou notícia e houve protesto:

> o caso repercutiu em Salvador, e a Câmara Estadual aprovou um requerimento do deputado trabalhista Otávio Drumond, no sentido de telegrafar ao Ministro da Justiça, protestando contra o ato e solicitando abertura de inquérito a fim de punir os transgressores de uma lei que acaba de ser posta em vigor.[218]

A cor da pele era importante tanto quanto o tipo de cabelo. Cabeleireiros "especialistas em pessoas de cor preta" existiam na capital paulista dos anos 1920 e 1930, justamente quando a imprensa negra anunciava um produto denominado O Cabelisador, que incluía um pente, a ser aquecido antes do uso, e "uma pasta mágica". Sua propaganda garantia o alisamento do "cabelo mais crespo sem dor".[219] O instrumento era vendido dentro de um estojo e permitia que o alisamento fosse realizado em casa e de modo econômico.

Mas o costume de passar os cabelos a ferro já era uma prática comum entre brancos e negros, mesmo antes de O Cabelisador existir. No caso masculino, havia a dificuldade de domar os fios curtos, por isso, o jeito era caprichar na brilhantina, misturada a loções que alguns armazéns da cidade vendiam para ajudar a "engomar" os fios.

Em relação às mulheres negras, a busca do embelezamento dos cabelos destacou-se ao longo do tempo como uma cultura em permanente evolução: penteados que incluem diferentes tipos de trança, produtos para o amaciamento e o crescimento dos fios, mas também a invenção de pomadas e de instrumentos para alisá-los. Nos Estados Unidos, houve quem fizesse fortuna com os esses negócios, como Sarah Breedlove, uma afro-americana que adotou o nome de Madam C. J. Walker. Ela foi uma especialista em produtos capilares e cosméticos para mulheres negras e, na primeira década do século passado, desenvolveu xampus vegetais e fórmulas para o crescimento e o amaciamento dos cabelos.[220]

Assim, nos Estados Unidos, enquanto para as brancas os produtos da Avon, Elizabeth Arden e Helena Rubinstein representavam o auge do modernismo e da moda, para as negras, a felicidade cosmética estava principalmente no uso dos produtos de Madam Walker. Em outros países, na mesma época, fórmulas de origem vegetal e que continham produtos químicos para o alisamento e o combate da caspa também fizeram sucesso.[221] No Brasil, os jornais da imprensa negra publicaram vários anúncios de produtos destinados a "melhorar" o crescimento dos fios, a partir da suposição de que os cabelos dos negros crescem muito devagar, carecem de qualidade e maciez. Nos anos 1920, já existiam salões e institutos brasileiros com serviços para o alisamento dos cabelos e a melhoria do estado das sobrancelhas.[222] A moda da brilhantina facilitou a vida daqueles que buscavam a aparência dos cabelos lisos. A partir de 1928, apareceram anúncios do Brilhamil num jornal baiano: uma loção que servia para "conservar os cabelos sempre lisos e negros, dando-lhes magnífico brilho".[223]

Na Bahia, antes dos produtos alisantes como o Hennê, muito do alisamento devia-se a fórmulas caseiras e ao uso do ferro quente. Para os homens, além da brilhantina, existiam óleos aromáticos e pomadas consideradas alisantes.

A voga das "costeletas" iguais às de Rodolfo Valentino ainda vigorava na década de 1930, mas é bom lembrar que para um homem ser belo era preciso, antes de tudo, demonstrar elegância no vestir. Terno branco de linho e chapéu palheta não faziam do negro um branco, mas, certamente, embelezavam os homens de todas as "raças" e cores. A conhecida figura do senhor Pelintra não deixa esquecer essa imagem, centenas de vezes utilizada para representar os malandros cariocas.

2

Por que sofrer?

"Só é feio quem quer"

O sofrimento dos doentes durante as cirurgias foi modificado com a invenção da anestesia no século XIX. Antes, já existiam métodos para aliviar a dor, principalmente o recurso à inalação de produtos capazes de deixar o doente inconsciente. Mas, com a moderna anestesia, o cirurgião conquistou melhores condições para realizar o seu trabalho.

Se no espaço cirúrgico a dor dos pacientes deixou de ser um obstáculo, na propaganda impressa, sua presença se transformou em "algo que vende mal". A partir da década de 1930, os anúncios brasileiros ganharam um otimismo até então raro. As ilustrações de rostos sorridentes empurraram os semblantes tristonhos para o terreno do mau gosto. Mesmo quando a lista de males a combater permanecia redundante e extensa – como ocorria com os anúncios da pomada Minancora ou com aqueles do antisséptico Metrolina e das pílulas do abade Moss –, os rostos dos personagens desenhados e fotografados exibiam uma alegria sem antecedentes tristes.

O ar imperativo dos anúncios de remédios tendeu a se misturar com certo paternalismo bem humorado, menos austero e mais breve em suas ameaças. Ou seja, no lugar de sugerir que seria preciso se embelezar e se curar porque, caso contrário, a mulher não arrumaria marido e estaria condenada à tristeza, os anúncios reforçavam as vantagens dos produtos. Afirmavam que valia a pena cuidar do corpo porque beleza rimava com felicidade e saúde. A direção do olhar do leitor saiu do passado e virou-se definitivamente para o futuro. A influência do rádio na propaganda foi clara. Os *jingles* comerciais davam um tom alegre aos conselhos para a saúde. O uso de frases curtas sobre as vantagens dos remédios banalizou-se. Era preciso provocar a memorização fácil do nome do produto anunciado e inserir seu consumo na seara da felicidade.

Assim, por exemplo, segundo um famoso *jingle* para um produto chamado Loção Brilhante, obtinha-se rapidamente cabelos de jovem, mesmo sendo idoso: "eu era velhinho, cabelos branquinhos, de carneirinho [...] cabelos escurinhos foi num instante, com Loção Brilhante [...] não é tintura, é restaurador, dá ao cabelo a primitiva cor". Em vez de ordenar o leitor a comprar um remédio, fazia-se um convite simpático para consumi-lo.

Outro exemplo a esse respeito foi uma série de anúncios impressos para o absorvente feminino Modess, da Johnson & Johnson. Essa empresa havia chegado ao Brasil em 1933 e sua primeira fábrica foi instalada na capital paulista. No ano seguinte, a Johnson lançou o primeiro absorvente descartável do mercado brasileiro. Existiam cintas para segurar o dito produto no lugar certo. Com o tempo, a propaganda do Modess difundiu o *slogan* "experimente e se convença". Ao contrário dos antigos anúncios de produtos relacionados à menstruação, no caso do Modess, nenhuma alusão aos sofrimentos uterinos era feita.

Em pleno crescimento dos setores médios da sociedade brasileira e do comércio de roupas industrializadas, quanto mais a satisfação com o consumo era valorizada, mais os produtos dependentes da heroica tarefa de enfrentar dores ou gosto ruim tendiam a ser esquecidos. Nos manuais e conselhos de beleza, as promessas de embelezamento fácil e miraculoso se multiplicaram.

Contudo, havia resistência à mudança. Um dos anúncios do Regulador Xavier afirmava que as mulheres eram sujeitas "continuamente às perturbações próprias de seu sexo, tendo o seu apparelho genital constituído de importantes e delicadíssimos órgãos cujas irregularidades facilmente se transformam em gravissimos males".[1] A experiência de "estar naqueles dias" parecia mais visível para as mulheres habituadas a lavar e a estender mensalmente nos varais as toalhinhas higiênicas. Durante toda a primeira metade do século passado, ainda era costumeira

Numa época de aumento da presença feminina no espaço público e em ambientes de trabalho, a menstruação não poderia mais ser um "incômodo".

a crença de que a mulher menstruada tinha olheiras e agia de modo diferente. A menstruação marcava os calendários e podia manchar as roupas. Eram frequentes os comentários femininos sobre cólicas e chás para reduzir "o incômodo".

Pouco a pouco, a figura da jovem menstruada e curvada por cólicas, "incomodada", conforme se dizia, diferente da mulher dos outros dias do mês, tornou-se anacrônica, antiquada, pouco higiênica. Menstruar deixou de ser um acontecimento digno de nota

As "mulheres incomodadas" eram uma realidade expressa com naturalidade pela propaganda.

nos anúncios, virou um comentário antiquado. Com os novos medicamentos e absorventes, as narrativas sobre a menstruação ganharam uma discrição antes desconhecida.

O mesmo ocorreu em relação à feiura facial. Já em 1930, um artigo publicado na *Revista da Semana*, intitulado "A força pela beleza", mostrou fotografias de rostos masculinos e femininos, antes e depois das operações plásticas. Valorizou o procedimento, garantiu que o paciente nunca sofria e expressou um otimismo inquebrável diante da ciência que supostamente subjugava, enfim, o envelhecimento.[2] Em vez de comentar a feiura, realçou a beleza proporcionada pelas mãos dos cirurgiões.

Na mesma década, "operações de defeitos" formavam um pequeno anúncio publicado em São Paulo, na *Revista Feminina*. Em outras publicações, havia a propaganda do doutor Pires, que retirava pelos do rosto e obtinha "resultados rápidos e perfeitos" com cirurgias plásticas feitas por ele em seu consultório. Segundo esses anúncios, as tristezas resultantes da falta de beleza eram injustificáveis. Pires afirmava ter realizado centenas de cirurgias rejuvenescedoras. Dizia que elas duravam entre 20 e 30 minutos e permitiam à mulher operada mostrar seu belo rosto no mesmo dia em que a intervenção havia sido realizada.

Charlatanismo ou não, as cirurgias aconselhadas por Pires incluíam um poderoso e sedutor argumento: os sofrimentos resultantes da falta de beleza não tinham mais razão de existir. Afinal, por que sofrer? Assim como era comum aos médicos recomendar a todos que evitassem perder energia, agora, aconselhava-se, principalmente à mulher, a não perder a oportunidade de embelezar-se, mesmo que fosse por meio de cirurgias.

Esse manto de silêncio que caiu sobre os sofrimentos, antes facilmente mostrados, indicou o seu distanciamento da piedade divina e da tolerância social. Obviamente, nos dias de hoje, muitos concordam com a ideia de que a beleza aumenta a autoestima e o bem-estar. Mas, durante as primeiras décadas do século xx, essa ideia ainda levantava suspeitas. Foi ao longo da década de 1930 que a alegria e o bem-estar iniciaram uma carreira de sucesso na propaganda. A figura da mulher sorridente, em locais de trabalho até então mais masculinos do que femininos, tornou-se comum. A propaganda dos anos 1930 divulgou várias imagens de datilógrafas, secretárias, professoras, aeromoças, comerciárias, em suma, mulheres que trabalhavam não somente em casa ou nas fábricas. De fato, com o desenvolvimento do setor terciário, as mulheres passaram a exercer funções "no comércio e na burocracia de escritórios".[3]

Os conselhos de beleza e a propaganda daqueles anos, ao divulgarem o valor da satisfação de viver, criavam uma aura de felicidade em torno do consumo bem maior do que no passado.

Aristolino, por exemplo, era remédio, produto de beleza e gerador de satisfação pessoal. Vários produtos eram anunciados como aliados do sorriso e do conforto. Por isso, chorar em público não tardou a ser criticado na imprensa: as mulheres precisavam chorar menos, afirmava um artigo da revista *Vida Doméstica* de 1943. Dois anos mais tarde, alguns anúncios já defendiam que "a falta de hormônios no organismo feminino, além de alterar a saúde das senhoras, lhes aniquila a mocidade e lhes rouba a beleza".[4] No passado recente, o útero reunia as causas para os problemas de beleza. A partir de então, a redução de alguns hormônios figuraria entre os maiores culpados.

A indústria internacional da beleza também caminhava a passos largos. Nos Estados Unidos, os tratamentos estéticos já representavam "reforços morais" importantes, assim como um meio de garantir o emprego. Foi quando nasceu a Almay Company, especializada em produtos hipoalérgicos, a Clairol e a Wella, com produtos para os cabelos, assim como a Maybelline e a Germaine Monteil.[5] Foi também quando a figura da mulher consumidora recebeu maior atenção do *marketing*.

No Brasil, a fase pioneira da publicidade moderna também deu lugar às primeiras pesquisas de mercado. Os anunciantes dos anos 1930 e 1940 passaram a trabalhar diretamente com os desejos humanos e a psicologia do consumidor. Vários anúncios do Fandorine, por exemplo, que seis anos antes frisavam os males das hemorroidas, entre outras tristezas do corpo, a partir de 1937, centralizaram-se em torno dos efeitos positivos do produto e da possibilidade de reabilitar a alegria de viver. A propaganda inovadora da Kolynos pretendia transmitir a sensação de frescor obtida com o dentifrício anunciado. Mostrar os dentes alvos, resultantes do uso dos dentifrícios também exigia sorrisos bonitos, conforme os *jingles* do Eucalol, Gessy, Kolynos e Colgate.[6]

Ao lado da alegria publicitária, as cores fortes e vibrantes, especialmente o vermelho, passaram a ser incluídas com maior naturalidade no guarda-roupa das mulheres consideradas de boa família, assim como o preto se libertou da imagem do luto para integrar-se à sofisticação da vestimenta, servindo, ainda, para realçar joias e a crescente voga dos cabelos louros. Batons de cores fortes

A beleza associou-se definitivamente à leveza dos sorrisos saudáveis e "sempre brancos".

ganharam maior publicidade e incorporaram uma aura de decência outrora incomum. O batom da marca Tangee, por exemplo, era anunciado como um produto que tornava a mulher atraente, mas jamais vulgar; moderno e prático de usar, esse batom em forma de *cold cream* proporcionava, segundo a publicidade, um aspecto natural aos lábios. De fato, desde 1935 os batons começaram a ser vendidos em forma sólida e com cores diversificadas.

A promoção dos batons reforçou aquela dos dentifrícios. Nos dois casos, a valorização dos beijos em cenas amorosas aparecia na parte final das fotonovelas. Beijos apaixonados, em geral precedidos pela esperada frase: "eu te amo".

Limpas, escovadas e vigilantes

Para ser considerada bela e arrumar marido, era preciso ser limpa, cheirosa, prestimosa e, ainda, conhecedora das novidades disponíveis no mercado dos produtos de higiene. Os sabonetes coloridos das marcas Lifeboy, Lever, Palmolive e Gessy foram inúmeras vezes ilustrados pelas revistas das décadas de 1940 e 1950. Artistas de sucesso apareciam na propaganda confirmando a ideia de que a limpeza corporal era "a principal madrinha dos casamentos duradouros".

Mas nada impedia que o rigor higiênico se dobrasse aos caprichos femininos da época. Em alguns anúncios, a espuma perfumada sugeria o toque macio, uma sedução que podia despertar alguma satisfação de estar consigo durante o banho. Contudo, insistia-se na necessidade de esfregar a pele. Martha Rocha recomendava a obtenção de uma "micro-espuma": era preciso esfregar o sabonete sobre a pele para obter uma espécie de creme.

A acne também exigia a ação de saponáceos, assim como as manchas faciais. Sabonetes e loções com álcool ainda não eram considerados indelicados para com a cútis.

Em relação aos cabelos, havia uma recomendação que mais tarde caiu em desuso: cem escovadas antes de dormir para dar brilho e força à cabeleira. Essa tendência continuou forte no Brasil mesmo durante a década de 1960, quando a televisão mostrou artistas dispostas à dita disciplina. Em matéria de cuidados com a limpeza, as estrelas do cinema serviam como mestres: elas aconselhavam a lavar o sutiã e as cintas, a escovar diariamente as roupas, a guardá-las higienicamente. Tanto o corpo quanto os pertences da mulher deviam ser impecavelmente limpos. Os conselhos ganharam em detalhes, em rigor e em informalidade.

Mas algumas reservas permaneceram fortes. A linguagem ainda conservava pudores antigos quando se tratava da higiene das "partes secretas". O livro da americana Veronica Dengel, traduzido no Brasil com o título *Agarre seu homem*, é um bom exemplo. Na primeira parte, a autora fornece detalhes sobre a "secreta" limpeza "daquelas partes". É fundamental, afirma Dengel, que a mulher

Martha Rocha era uma das estrelas que expressavam o valor da aliança entre beleza e higiene.

mantenha certo pudor diante da higiene íntima.[7] Os maridos não devem conhecer os instrumentos de limpeza de suas esposas, embora muitos ainda as vissem com os cabelos enrolados em bobes.

As conselheiras de beleza insistiam também na higiene cotidiana: evitar palitar os dentes em público, abandonar o antigo hábito de dizer a quem espirra "Deus vos guarde" etc. O costume de pedir a benção a pais, tios e avós começava a perder seu antigo vigor.

Os conselhos de beleza destinados aos "brotos" realçavam a necessidade de manter-se delicada e graciosa, ao passo que muitos contos e fotonovelas ainda chamavam as moças de "pequenas". Assim, uma pequena era um "brotinho" cujo encanto estava nas linhas de seu delicado corpo, na cútis acetinada, na voz aveludada, nos pés mimosos. Mas havia rigores a aceitar e a vigiar: era preciso saber andar, se sentar, dançar, descer as escadas, sair de um automóvel e ainda conversar, usar os talheres e sorrir. Elza Marzullo, Isabel Serrano, entre outras conselheiras da década de 1950, insistiam exaustivamente na necessidade de educar o corpo para a vida social em seus mínimos detalhes. Clarice Lispector também escreveu conselhos dessa natureza, incluindo dicas de beleza.[8] As brasileiras eram estimuladas a se examinarem diante do espelho, a treinarem gestos e posturas dentro de casa, antes de exercê-los perante os outros. O detalhamento das regras atingia pequenos gestos cotidianos, que passaram a ser considerados feios, como o de puxar o vestido em público, morder os lábios e roer as unhas. As artistas aconselhavam as fãs a adotar truques para manter uma postura de rainha, uma pele aveludada e cabelos brilhantes. Recomendava-se ainda uma voz de timbre melodioso, jamais metálica, além de gestos comedidos e leves, olhar tenaz e expressão doce.

Os conselhos foram exaustivos em suas repetições e insistências. Tratava-se de conter qualquer exagero, de controlar meticulosamente a presença corporal e emocional. Mulher bela devia saber se conter: gritos, risos longos, choros compulsivos, bocejos, tudo isso podia enfear o "brotinho" e deixá-la solteira para sempre. Ora, solteironas e solteirões representavam uma tristeza sem fim. Para evitar sofrimentos no presente e no futuro, o melhor, diziam os conselheiros, era administrar as emoções, mas, também, cultivar o corpo. Afinal, as roupas não conseguem disfarçar todos os problemas físicos.

Com os homens, essa tendência significou aceitar, por exemplo, que um terno ou um alfaiate não fazem milagres, como já diziam os conselheiros dos anos 1930: "para que um terno proporcione uma impressão admirável, não basta unicamente que a obra do alfaiate seja irreprehensivel". Além da saúde e da inteligência, aos homens era exigida uma "compleição robusta".[9] Alguns anúncios mostravam a imagem de homens com camisas e *shorts* coloridos, como aqueles da marca Saragossy, com "cores festivas" numa linha intitulada Gaycolor.

A influência do *american way of life* sobre os modelos de beleza divulgados pela imprensa aumentou a partir dessa época, contribuindo para modernizar os manuais de beleza: no lugar de descrever os modelos de beleza do passado grego, eles começaram a prescrever conselhos breves e diretos, incluindo exercícios para "manter a linha", cremes e regimes embelezadores. Nos anos 1940, a revista *Seleções do Reader's Digest*, traduzida para o português, circulava no Brasil e teve importante papel na difusão do americanismo.[10]

Uma parte significativa dos cuidados com a beleza continuou, contudo, focada na necessidade de levar as jovens ao altar, encaminhando-as para a construção de um lar feliz. Não por acaso, entre 1945 e 1955, um número volumoso de matérias sobre o amor conjugal tomou conta das revistas femininas. Com a progressiva redução da família ao núcleo formado por pais e filhos, o amor conjugal se tornou uma conquista obrigatória, essencial e natural, o pilar mais importante de sustentação familiar. Segundo a imprensa, a mulher devia ampliar o interesse masculino por seu corpo, nele incluindo o zelo e a fidelidade à sua alma. O rosto permanecia o ponto alto da beleza vendida na propaganda, mas o corpo inteiro insinuava-se no cinema e nas fotonovelas. Estas contavam melodramas típicos de um imaginário romântico; seus volteios povoam, ainda hoje, inúmeros sonhos de romance e paixão.

Os manuais de beleza foram livros comuns durante a primeira metade do século passado. Neles, a cultura do corpo feminino era delineada por conselhos para ser boa esposa e mãe primorosa.

Roupas coloridas para os homens numa época de valorização da descontração alegre e juvenil.

Homem tolo e mulher dissimulada

Dissimular uma beleza inexistente foi durante anos um dos atributos da maquiagem. Ainda hoje ela cumpre essa função, embora os produtos estejam cada vez mais comprometidos com a tarefa de corrigir e prevenir problemas. Também ocorria algo semelhante com os regimes para emagrecer. Alguns conselheiros ainda recomendavam dietas pontuais, que deviam ser seguidas às vésperas de uma festa, por exemplo. Os regimes pouco se referiam aos malefícios do açúcar, mais tarde divulgados, limitando-se simplesmente a prescrever a redução da quantidade de alimentos ingeridos. Antes de 1960, as costureiras, mais do que as balanças, serviam para mostrar o quanto suas clientes emagreciam ou engordavam. Com os homens, os alfaiates cumpriam a mesma função. A passagem pelo serviço militar levava os jovens a pensar sobre o próprio peso e a capacidade muscular. A prática esportiva e o fisiculturismo contribuíam para que eles cultivassem certo gosto em modificar o corpo por meio de exercícios. Mas o hábito de pesar os corpos diariamente não fazia parte da rotina dos brasileiros. As cintas ajudavam a dissimular os quilos a mais, as ombreiras masculinas preenchiam alguns músculos a menos e, antes do biquíni, a barriga das mulheres mantinha-se à sombra de boa parte do olhar alheio.

O embelezamento não era o único terreno para o usufruto de certa inocência no ato de dissimular. Exemplar a esse respeito é um dos conselhos do escritor Marcílio Camacho às jovens que necessitassem "fingir" uma virgindade que não mais possuíam. O fingimento poderia ser justificado quando se tratava de "guardar" o marido. Numa época em que a virgindade feminina era considerada uma regra geral e um tabu, fingir ser virgem podia ser aceitável. Afinal, "eram raros os homens que admitiam sem problemas a ideia de se casarem com uma moça *deflorada por outro*".[11]

Para garantir o casamento de uma "moça perdida", Camacho lembrava que a culpa pela perda da virgindade era certamente do homem, um ser "sem coração". Em sua opinião, a mulher havia sido suficientemente digna na medida em que soubera

"SÓ É FEIO QUEM QUER"

esconder do seu rosto "os signos do deboche". Assim, aquela que soubesse ocultar essas marcas, merecia um bom casamento. Ensinava Camacho: na primeira noite, é preciso não contar a verdade, agir "sem hipocrisia", em nome da felicidade comum. Camacho caprichava na minúcia dos gestos e ensinava como a mulher devia ser reticente em conceder seus seios ao amado, em permitir que ele afastasse suas pernas e finalmente a possuísse. E, por fim, lembrava a leitora sobre a importância de gritar no momento da defloração. Desse modo, afirmava Camacho, o marido teria certeza de sua feliz vitória, o que o tornaria "um macho ativo, um dominador de mulheres".[12]

Hoje esse conselho soa como hipocrisia, mas ele também expressa um conservadorismo que impedia o autor de criticar a exigência que se fazia às jovens de se manterem virgens até o casamento.

Enquanto era esperado que a mulher correspondesse a rigores dessa natureza, os homens tendiam a ser considerados presas fáceis ou passíveis de serem ludibriados.

Mesmo quando a realidade provava o contrário, a expectativa de que um homem apaixonado torna-se um bobo costumava ser um tema conhecido em filmes e na literatura publicada pela imprensa feminina.[13] Várias reportagens e piadas da primeira metade do século XX focavam a dúvida sobre casamentos regidos por interesses econômicos ou pelo verdadeiro amor. "Ela o ama ou quer apenas o seu dinheiro?" Eis uma questão constantemente levantada em contos publicados na época.

Não que a mesma desconfiança fosse estranha em relação ao sexo oposto. Homens interessados na fortuna das mulheres eram figuras conhecidas e temidas. Na verdade, a imprensa mostrava uma flagrante desigualdade dos direitos entre os sexos e uma permanente desconfiança acerca das intenções dos pretendentes.

Ao mesmo tempo, a suposta parvalhice de alguns homens foi várias vezes desmentida em anedotas como estas:

> Ele casou-se com uma mulher feíssima e magra como uma tabua.
> Mas tem dinheiro. É a sua tabua de salvação.

★ ★ ★

– O que devo dizer a uma senhora para agrada-la?

– Fala de sua beleza.

– E se ela não for bonita?

– Fala da feiúra das outras.[14]

Alguns galanteadores podiam ser vistos como folgados, interesseiros e mentirosos. O imaginário a respeito dos espertos, assim como o seu oposto, os tolos, facilmente ludibriados pelas mulheres, não são novos na história. Supor que o homem tolo era um sofredor nas mãos femininas tinha várias utilidades sociais, servindo para justificar a necessidade de manter as mulheres "sob rédea curta". Havia também uma grande quantidade de piadas sobre os tolos inteligentes e os pretensamente espertos. Em algumas troças, as figuras do tolo e do esperto se aproximavam uma da outra, chegando a confundir qualquer certeza sobre quem enganaria quem. As brincadeiras com esses tipos opostos foram frequentes na imprensa até o final dos anos 1960. O charme não era um atributo fixo, exclusivo a um deles, podendo ser expresso pelo tolo ou pelo esperto, dependendo das circunstâncias.

A maior parte das dissimulações aconselhadas às mulheres destinava-se às jovens que queriam arrumar um marido ou àquelas que não haviam passado dos 40 anos e desejavam conservar o próprio casamento. Antes da década de 1960, poucas vezes os conselhos para dissimular alguma qualidade inexistente na aparência física se dirigiram às mulheres com mais de 40 anos. Para estas, o recurso a muitos produtos de beleza, assim como os truques para dissimular e fingir, podiam soar como exageros "fora da idade", artifícios injustificados. O fingimento parecia deixar de sê-lo quando provinha de mulheres jovens e belas. Expresso por aquelas que pendiam mais para as feias ou para as idades maduras, corria o risco, ao contrário, de ser intolerável.

Os cuidados com a aparência não eram ainda amplamente aceitos como um meio de conhecer a si mesmo, de sentir o próprio corpo ou de refletir sobre a psicologia individual. As mulheres deviam "parecer" naturais, mesmo quando não o fossem. E o trabalho para parecer natural ainda podia separar-se da intenção de sê-lo. Diversos produtos de beleza confirmavam essa tendência:

o sutiã de bojo e o laquê foram aliados famosos das dissimulações aceitas socialmente e interpretadas como cuidados embelezadores. Aliás, em 1960, a empresa L'Oréal lançou no mercado um laquê que marcou a sua história de sucesso, iniciada na França em 1909.

As curvilíneas e os buchos

O vocabulário do escárnio masculino sobre as mulheres foi pródigo em expressões diretamente relacionadas à alimentação, à flora e à fauna. Se as belas já foram consideradas "rosas" e "brotos", algumas se tornaram frutas apetitosas e até mesmo partes da carne bovina. Muito antes de aparecer a expressão "mulher filé", já havia a "mulher bucho". Difícil seguir os traços de sua história. A presença da bucho na imprensa é envergonhada diante das musas que têm os homens a seus pés. A aparição da bucho já foi um contraponto à beleza, em piadas, canções populares e na literatura de cordel. Sempre vistas como estraga prazeres, pobres-diabos, tão feias que mal parecem mulheres.

Em *Feia demais*, Nelson Rodrigues ilustrou o personagem Herivelto, um rapaz "bem apanhado" que caiu de amores por Jacira, feiíssima. Ninguém entendia a razão daquela paixão. Jacira era "um bucho horroroso". Mas Herivelto, totalmente apaixonado, pensou em se casar com ela. E casou-se. Não demorou muito para o belo rapaz se arrepender amargamente. O arrependimento teve início quando Herivelto viu a esposa diante do espelho, num meticuloso gesto de espremer espinhas. Desde então, decidiu livrar-se "do bucho".

Nelson Rodrigues não foi o único a escrever narrativas assim. A imprensa utilizou as feias como alvo predileto de chacota ou crítica. E, quando o leitor buscava os conselhos de beleza, poderia ficar com a impressão de que os trabalhos para melhorar a aparência não existiam entre elas ou que seus corpos teimavam em permanecer como eram, desafiando qualquer progresso da indústria embelezadora.

Na história das feias, a mulher bucho da década de 1950 tendia a ser mais barriguda do que propriamente gorda. Seu maior problema era o de não possuir curvas sedutoras, saliências nos lugares em que o olhar espera encontrar vales profundos, apetitosas formas. Naqueles anos, a feiura feminina era expressa principalmente por um corpo "mal feito". Também parecia muito feio ter um nariz grande, dentes careados, pernas tortas, pés grossos e outros problemas ilustrados, por exemplo, no cordel de José Francisco Borges, *A vida secreta da mulher feia*.[15]

Mas o maior problema da mulher considerada "bucho" já residia no corpo e, precisamente, na cintura e nos quadris. Diferente da "mulher canhão", uniformemente feia, a "bucho" ainda possuía um traço ou outro que, na visão masculina, tinha salvação. Se a "canhão" parecia ter sido sempre feia, a "bucho" sugeria um passado diferente: "fulana virou um bucho" era uma expressão corriqueira, atribuída ao fato de uma mulher subitamente perder as curvas sedutoras. Ou, então, no lugar da "buchuda", a mulher "bacalhau", feia devido à secura física, reta como tábua. Lamento antigo: mulheres sem curvas, quadril tão estreito quanto a cintura, seios achatados, formam o quadro da pior feiura. Durante décadas, dezenas de produtos foram recomendados para aumentar os seios e afinar a cintura.

No cinema e na televisão, algumas feias fizeram enorme sucesso, como foi o caso da atriz Zezé Macedo. Obviamente, a feiura ganhava maior realce quando aparecia ao lado de belezas esplendorosas. As vedetes do teatro de revista, por exemplo, forneciam um picante contraste. Algumas dessas musas "eram capazes de vender uma geladeira a um esquimó e transformar um fanático budista em muçulmano exaltado".[16] Entre elas, Elvira Pagã recebeu aplausos entusiasmados ao desfilar de biquíni no carnaval carioca. Pioneira no uso daquele diminuto traje, Pagã era apreciada, assim como Mara Rúbia, Virginia Lane e Nélia Paula. Nos espetáculos do teatro carioca Recreio, a aparição dessas beldades era "um chuá", ou seja, um momento ótimo, tão ou mais esperado do que aquele reservado à comicidade de Grande Otelo e Walter D'Avila.

Virginia Lane, com o apoio de Walter Pinto, era considerada a "vedete do Brasil" e a "rainha da malícia". As coxas carnudas das vedetes ainda podiam ser chamadas de "mocotó", e isso era um elogio. As piadas faziam parte do repertório das vedetes, assim como o uso de plumas, sapatos de salto alto, bijuterias e joias. A opulência vistosa de seus corpos contrastava com as imagens da miséria e ainda insinuava a mistura entre sensualidade e graça. Os vestidos sem alça, conhecidos pelo nome "tomara que caia", integravam uma moda internacional afeita aos seios grandes em contraposição à cintura fina. As estrelas americanas vestidas com suéter salientavam o volume dos seios, mas muitas de suas fãs recorriam ao sutiã de bojo. A imprensa feminina prescrevia regimes para afinar a cintura e, nos Estados Unidos, o conselho para resistir aos três S – *sundae*, sodas (refrigerantes) e segundo prato – era habitual.[17]

Em solo nacional, havia alguma tolerância às cheinhas de corpo exibidas com charme pelas chanchadas cariocas, produzidas pela Atlântida, desde 1941. Mesmo assim, a cintura fina – "cintura de pilão" – permaneceu uma qualidade feminina resistente à passagem dos anos. O livro de Veronica Dengel, já mencionado, foi um entre os vários especializados em dar o aviso: "o seu talhe ditará o tipo de cinta que mais lhe convém, entretanto, não vá pensar que, por ser jovem e esbelta, você não precisa de nenhuma. Um talhe sem cinta raramente é sedutor".[18] Ou seja, todas as mulheres deviam usar cinta, assim como hoje é proclamado que todas devem fazer ginástica ou outra atividade física e esportiva. Christian Dior, ao lançar o *New Look*, consagrou a associação entre cintura fina, elegância e feminilidade no terreno da moda internacional.

No reino das belas contemporâneas de vedetes como Silvia Lane e Mara Rúbia, havia também a imagem da *pin-up* norte-americana, cujas primeiras referências surgiram em 1941, quando a revista *Life* considerou a atriz Dorothy Lamour a primeiríssima *pin-up girl* do exército americano.[19] Havia, igualmente, o sucesso das *misses,* e algumas se tornaram ícones nacionais. Martha Rocha, por exemplo, *miss* Brasil 1954, foi objeto de centenas de fotografias e reportagens. Cintura fina, pés delicados, sorriso meigo e quadris largos faziam parte dos atributos da bela mulher. As medidas consideradas ideais do corpo feminino variavam, mas foi somente depois de meados dos anos 1960 que os quadris se tornaram mais retos e as *misses* nacionais ganharam em altura e magreza. Na década de 1930, segundo Irajá, uma mulher bela devia ter 1,63 cm de altura e pesar 59 quilos. Trinta anos mais tarde, Helena Sangirardi afirmou que uma mulher dessa altura não deveria pesar mais do que 58 quilos.[20]

Coisas de mulher

Em meados do século passado, as revistas femininas adotaram um tom amigável e descontraído.[21] A mensagem "você pode corrigir os defeitos de sua aparência e ficar bela" substituiu definitivamente a frase "a senhora poderá disfarçar os problemas da edade". Correção, e não mais o simples e provisório disfarce. "Você", e raramente "senhora". As conselheiras de beleza pareciam, a partir de então, confidentes, amigas com quem cada leitora podia contar sem constrangimento algum. As cartas das leitoras e suas respostas foram atravessadas por demonstrações de carinho para com os conselhos fornecidos. As conselheiras de beleza mostravam-se alegremente dispostas a ajudar as leitoras na organização de seu corpo e de suas emoções. Uma parte da imprensa dirigida às mulheres funcionou de fato como um "concentrado amplificador" dos sentimentos vistos como tipicamente femininos.

Na revista *Querida*, por exemplo, uma seção era destinada a aconselhar sobre assuntos emocionais. Chamava-se "Examine sua alma". Pressupunha que bastava a leitora querer para ter acesso ao entendimento dos próprios impulsos e desejos. O amor continuava a ser um tema louvado, mas passaria a ser, também, um importante objeto de análise, passível de conhecimento e de testes. Ele poderia ser dividido em etapas, questionado em sua essência e, sobretudo, examinado por meio de questões sugeridas pela imprensa. Os testes para saber se a mulher era amada e se ela "sabia amar" se multiplicaram nas revistas femininas e "a questão do amor" invadiu a publicidade.

Segundo as revistas, uma boa gestão econômica do orçamento doméstico passou a depender mais do que nunca da felicidade fundada no amor conjugal. E cabia à esposa manter-se atenta ao possível apagamento da chama amorosa. Também cabia a ela cozinhar e provar seus dotes culinários diariamente. Em suma, manter as chamas – na cozinha e na cama – era uma responsabilidade feminina.

Pouco a pouco, contudo, a satisfação feminina ousou se mostrar ameaçada quando se baseava apenas naquele dever. Por exemplo, em 1955, no conto intitulado "Prova de fogo", publicado na revista *Capricho*, a heroína era uma dona de casa, exímia cozinheira, subitamente acometida por uma dúvida: seu marido a amava ou estava com ela devido, unicamente, aos seus dotes culinários? Ela "queria ser amada por si mesma e não pelo fato de saber fazer bons pratos".[22] Então, a heroína começou propositalmente a cozinhar mal. O marido, sem saber o que ocorria, propôs a ida a restaurantes. Em certo momento, dentro de um restaurante, ela conseguiu, enfim, obter uma prova de que o marido a amava de verdade. Satisfeita e aliviada, ela voltou a cozinhar em casa, pois assim decidiu, feliz com o amor do marido.

Apesar de retornar à cozinha, as dúvidas sobre o papel da esposa e, sobretudo, seus níveis de satisfação com o casamento tomaram o centro da cena nesse conto. E ele não foi o único. Outros contos abriram espaço para a figura do "eu" feminino. Se, por um lado, a cozinha e o ato de cozinhar ainda eram considerados típicos da mulher, provas de sua feminilidade e beleza, por outro, a necessidade de ser amada "em si mesma", já não era uma temática secundária na ficção ilustrada pelas revistas.

O romantismo continuava a imperar naqueles anos de banalização do bombom "sonho de valsa" e dos "cadernos de enquete" (os nomes variavam entre as regiões do país). Atravessados por segredos românticos, esses cadernos possuíam perguntas para serem respondidas por diversas jovens. Neles, elas expunham suas opiniões sobre os cuidados com o corpo e o amor, além de poderem conhecer as opiniões de suas amigas e conhecidas. Eram registros da memória juvenil, antecessores dos atuais blogs pessoais. Assim, antes de a internet existir, com a banalização de diversos tipos de exposição da vida privada,[23] existiam os cadernos de enquete e também os de recordação (no qual cada amiga escrevia um poema, uma dedicatória à dona do caderno). Eles funcionavam como cartografias dos afetos femininos. Lê-los e relê-los não era uma experiência inócua às jovens que, por meio desse registro banal, confirmavam seus gostos pessoais e desventuras, esculpiam a própria individualidade e, ao mesmo tempo, se afirmavam como mulheres tão normais quanto especiais.

No entanto, segundo uma grande quantidade de contos publicados nas revistas, uma mulher honesta ainda não devia ser levada por paixões loucas, desenfreadas, sem futuro. As revistas alertavam que havia um preço a ser pago se uma jovem cedesse aos impulsos supostamente selvagens. Facilmente, portanto, uma mulher podia ser considerada "vassourinha", falada, sem-vergonha e vadia.[24] Para não ter essa imagem, as revistas também ensinavam como se contentar com os espaços tipicamente femininos, numa vida rodeada por "coisas de mulher": a casa, os filhos, o amor conjugal e, junto deles, os produtos para embelezar. A propaganda foi especialista em associar emoções românticas a batons, pós e talcos. Isso já era feito com os perfumes. Mas, a partir de então, nada escaparia à aura apaixonada, repleta de sentimentos de ternura, mimo e encanto. Uma "pequena" precisava ser encantadora.[25] Caso contrário, não encontraria o príncipe encantado. Mesmo quando o príncipe deixava de sê-lo ou quando o cônjuge nunca tivesse de fato revelado algum encanto, muitas mulheres mantinham o canto fácil. As donas de casa costumavam cantarolar as músicas ouvidas nos programas de rádio. Angela Maria era uma moreninha brejeira que cantava o que muitas brasileiras sentiam. Havia outras que, desde a década de 1930, entoavam as dores e os sonhos femininos. O cantarolar entremeava a tarefa de lavar roupa e estendê-la em varais. Os afazeres domésticos integravam o universo feminino, junto ao sonho de ser presenteada com uma caixinha de música, um perfume, um anel de noivado.

Na programação da Rádio Nacional havia a "Hora da Ginástica", do professor Osvaldo Diniz de Magalhães.[26] Os exercícios físicos recomendados relacionavam-se aos ideais de "pureza da raça" e ao "civismo dos compatriotas". A linguagem do esforço corporal não havia sido separada dos valores referentes ao amor à pátria. Mas apreciava-se, ainda, um corpo feminino cheinho, lembrando o desenho de um "violão". Em geral, a paixão pelo corpo da mulher ainda estava distante da aparência magra, exemplarmente divulgada pela atriz e manequim Audrey Hepburn. A silhueta das mulheres julgadas belas também devia evocar o perfume das flores desenhadas nas caixas de papelão do famoso talco Caschemere Bouquet. As jovens dessa época ainda esperavam ser colhidas pelo verdadeiro homem de suas vidas.

Havia, ainda, temores antigos, como aqueles de lavar os cabelos, tomar banho completo, comer alimentos apimentados e tomar sol "naqueles dias". A mulher tendia a ser vista como um ser fisicamente diferente do homem, talvez mais diferente do que hoje. Sua condição feminina a fazia mais cíclica do que retilínea, dona de um corpo curvilíneo e macio, oposto à rigidez esperada do macho, composto por quadrados e triângulos, em suma, por ângulos retos. As mulheres também eram incitadas a sorrir, evitando as gargalhadas, ainda consideradas demasiadamente abertas, despudoradamente francas para o universo das flores e da graça feminina. Foi preciso esperar o final da década de 1950 para que a imprensa exibisse sem pudor o riso feminino misturado ao *sex appeal*. Demorou ainda mais para que as mulheres de canto fácil fossem substituídas pelas ouvintes dos áudios portáteis, desde o *walkman*, criado em 1979, até os áudios digitais, como as várias gerações do iPod.

Homens respeitáveis e jovens transviados

"E não diga ceroula, diga cueca. Ceroula não se usa mais."[27] O vestuário se modifica mais rapidamente do que os costumes. Mas algumas características consideradas essencialmente masculinas parecem imutáveis: por exemplo, espera-se que a voz de um homem seja grossa. Seu modo de andar também precisa confirmar a firmeza do seu sexo. Existem costumes antigos que também resistem à passagem dos anos: nos anos 1940, não era raro encontrar jovens brasileiros obedientes ao hábito de tomar a benção de seus pais, tios e avós, enquanto que estes últimos ainda usavam ceroulas, chapéus e orgulhavam-se de seus bigodes. Os que possuíam muitos pelos nas costas, sobrancelhas espessas e unidas acima do nariz nem cogitavam recorrer à depilação. Ao usar terno e gravata, havia o préstimo com as abotoaduras, o lenço limpo na lapela. Fumar era um gesto rodeado de charme numa época em que muitos ainda mantinham um pente no bolso, usavam brilhantina Williams e assobiavam para as pequenas que admiravam na rua. Outros já conheciam a Coca-Cola e usavam o desodorante O-do-ro-no.

Esperava-se que um homem de verdade fosse provedor e predador. Nunca a caça, sempre o caçador. Toda a sua silhueta devia expressar firmeza e destemor. Especialmente o tórax: anteparo, armadura, prova de força para agarrar o mundo e proteger o suposto sexo frágil; o valor dessa parte do corpo masculino foi acentuado após a Segunda Guerra Mundial. Entre os rapazes, a musculatura dos ombros e braços era, e ainda hoje é, motivo de sonho e sofreguidão. Era mais usual falar em ter "muque", mais do que "músculos". A exigência de exercícios aeróbicos não era comum e, mesmo quando se recomendava a musculação, esta devia ocorrer com duração limitada. Uma reportagem com o astro Farley Granger, por exemplo, mostrou-o sem camisa, a fazer exercícios num ginásio em Los Angeles. Segundo Granger, os homens precisavam cultivar os músculos "algumas horas por semana".[28] Quando o treino era mais intenso e diário, tendia a ser associado aos fisiculturistas e aos boxeadores conhecidos na época.

Os gestos e as aparências dos mais belos encontravam um equilíbrio entre a reserva e a exuberância. Se, na década de 1920, o jovem moderno devia ser *smart* – ter bom gosto, ser *chic* e um arrojado conhecedor das modas europeias –, 30 anos mais tarde ele buscaria os ideais trazidos pelo *american way of life*. Mas havia um limite para as aventuras dos jovens: depois de casados, eles deviam ganhar ar responsável.

Até recentemente, os brasileiros viviam as "coisas de homens" em espaços mais masculinos do que "unissex", como bares, campos de futebol, ambientes de trabalho, pescarias, ringues de boxe, oficinas de automóvel e barbearias. Muitos ainda não eram dispensados do serviço militar obrigatório e bem poucos eram educados para dividir as tarefas domésticas com a esposa ou as irmãs.

A imagem de estrelas como Marilyn Monroe atraía, mas também assustava. Grande símbolo do *sex appeal* dos anos 1950, a loura platinada encarnou as tendências paradoxais de seu tempo. Sua imagem representava o rompimento com a vida equilibrada e indicava a erotização corporal em curso.[29] Ela também viveu numa época na qual ser morena ou loura dava margem a muita conversa fiada entre homens, assim como a debates na imprensa que procuravam saber qual das duas era a mais bela ou a menos inteligente. Na medida em que as tinturas para os cabelos se banalizaram, assim como a técnica de realizar reflexos louros em todos os tipos de cabelos, seguidos da voga das "luzes", o interesse em torno dos debates sobre louras e morenas tendeu a esmorecer. Na época de Marilyn, o fato de ser loura ou morena definia posições, separava opiniões e nutria muitas amizades e disputas.

Mas havia louras e louras. Em oposição à Marilyn, Doris Day, outra estrela americana, representava a loura prestimosa, simpática e honesta, sem nada para esconder e muito pouco a ameaçar. Hollywood foi um ninho fomentador de imagens opostas de mulheres, assim como de bons e maus heróis. A de Clark Gable foi uma referência partilhada e admirada por ambos os sexos, o que não ocorreu no caso da imagem dos jovens vistos como "transviados", porque eles se mostravam alheios às convenções, excessivamente rebeldes e perigosamente aventureiros.

No mundo cinematográfico, a voga do *film noir* consagrou personagens obstinados com seu passado, belos na medida em que expressavam uma vida misteriosa.[30] Seus semblantes foram objeto de um trabalho cosmético que incluiu o uso da brilhantina, do *pan-cake* e do *gloss*, este último já utilizado desde o final dos anos 1920, para realçar a luz dos lábios dos atores que trabalhavam nos filmes em preto e branco. Com os filmes coloridos, a tonalidade dos batons femininos e do *pan-cake* para a pele de ambos os sexos ganhou uma variedade até então inexistente.

Nos Estados Unidos, a emergência de um mercado destinado aos adolescentes se desenvolveu a partir de 1944, quando as palavras *teenager* e *teenage* passaram a definir os jovens entre 13 e 19 anos, que reivindicavam o direito de questionar ideias e de ter a sua própria filosofia de vida.[31] A seguir, Marlon Brando e James Dean formaram um "duo rebelde dotado de um novo modelo de masculinidade".[32] O estilo *bad boy* incluía o uso de blusões de couro, calças *jeans* apertadas, camisetas brancas coladas ao corpo, óculos escuros e, às vezes, formosos topetes esculpidos com brilhantina. Em meados dos anos 1960, já havia cerca de 25 milhões de adolescentes nos Estados Unidos, o que significava um atraente mercado, responsável, por exemplo, pela compra de "24% dos relógios de pulso, 30% das máquinas fotográficas e 45% dos refrigerantes de menor custo".[33] No Brasil, a população na faixa dos 15 aos 24 anos somava 8,2 milhões em 1940 e 18,5 milhões em 1970.[34] Nos anos 1950, o mercado publicitário já percebia o potencial econômico representado pelos jovens e esforçou-se para atraí-lo.

Desde meados dos anos 1950, o conflito entre gerações passou a ser um tema de relevo na imprensa. Jovens e velhos foram separados em dois continentes opostos entre si. Roupas de jovens, comidas de jovens, músicas de jovens inundaram a propaganda. No lugar das refeições à mesa, por exemplo, junto com a família, tendo o pai à cabeceira, os jovens transviados valorizavam o encontro com o próprio bando em bares, o *fast food* acompanhado da Coca-Cola.

Uma reportagem de 1955, na revista *Querida*, anunciou que novos galãs haviam surgido no cenário cinematográfico a partir de um estilo rústico e descontraído. Alguns dos adolescentes rebeldes expressavam "uma certa suavidade", mesmo quando a violência reinava em bandos e na vida noturna.[35] A atração pelo jovem transviado provinha um pouco desse paradoxal encontro entre um destemor violento e uma espetacular leveza corporal, comprovada especialmente na dança e nas corridas de automóveis, lambretas e, depois, motocicletas. Paradoxo que se afirmava também na mistura entre força adulta e brincadeira infantil: o *playboy* dessa época era invejado e adorado, podendo ser transviado ou não.

No Ceará, o transviado foi chamado de "rabo de burro". A expressão designava jovens "filhinhos de papai" e também delinquentes.[36]

Tratava-se de um jovem rebelde que podia ser bastante violento, praticar furtos e estupros. Nos Estados Unidos, "os *teenagers* não eram nem adolescentes, nem delinquentes juvenis. O consumismo oferecia o contrapeso para o tumulto e a rebelião: foi o jeito americano de desviar sem causar danos à energia destruidora dos jovens".[37]

Fenômeno essencialmente urbano, a voga dos transviados ressaltou o poder de uma juventude transgressora e, diante dela, os mais velhos pareciam tão prudentes quanto previsíveis. Todavia, não havia apenas inovação naqueles meios juvenis. Muitos encontravam em suas aventuras um meio de revigorar a antiga necessidade de provar a própria coragem viril. Nesse caso, a lambreta modernizava a cavalgada em pelo, arriscada e violenta, dos jovens que viviam em sítios, perambulando em estradas de terra. No Brasil daqueles anos, a distância entre a terra e o asfalto não era assim tão grande.

Quando a birutice é bela

Não foi apenas entre os transviados que a beleza traçou uma aliança com a noção de birutice. Na imprensa feminina, ser um pouquinho biruta tornou-se um atestado de inteligência e charme para ambos os sexos. Era a época das *glamorous girls* da revista *Cinelândia* e das "sereias louras" cinematográficas. Em 1958, essa revista anunciou o sucesso de Brigitte Bardot, beleza capaz de reunir "um sorriso de criança e beijos perturbadores de mulher".[38] Nas fotografias publicitárias, despontou uma jovem mais longilínea do que os "brotos" da geração anterior, cujo psiquismo parecia mais complexo e a sexualidade menos tímida.

Em 1953, a revista *Playboy* foi criada nos Estados Unidos, enquanto no cinema as cenas amorosas ganharam em erotismo. A famosa cena do beijo entre Deborah Kerr e Burt Lancaster, ambos deitados sobre a areia à beira-mar, seria apenas o começo de uma galopante erotização nas telas. O *short* tornou-se uma versão reduzida das antigas bermudas e exibiu coxas femininas em praias, clubes de lazer e nos piqueniques.

Mas a antiga luta contra o envelhecimento foi intensificada. Segundo um artigo da revista *Manchete* de 1954, o consumo de cosméticos havia aumentado no Brasil e, nos Estados Unidos, ele era maior do que o consumo de manteiga.[39] As sombras para as pálpebras começaram a integrar os conselhos de beleza: "se você hesitou até agora quanto ao uso de sombra nos olhos, experimente e verá quanto a favorecerá o seu uso moderado".[40] Eliminar as marcas da idade já era um conselho banal e assíduo. Rejuvenescer rimava com uma descontração lépida, justamente numa época em que o Brasil ingressava numa corrida acelerada por mais desenvolvimento. O lema "50 anos em 5", divulgado pela campanha eleitoral do governo de Juscelino Kubitschek, sugeria uma rapidez no combate ao subdesenvolvimento tão sedutora quanto difícil. A própria expressão "50 anos em 5" indicava um modo de condensar o tempo, abreviar antigos prolegômenos e eliminar distâncias outrora insuperáveis.

De fato, jk venceu as eleições de 1955 defendendo a modernização do Brasil segundo um estilo de governo que parecia rejuvenescedor. Kubitschek era "o atestado do homem público que não tinha medo de exibir, numa gargalhada, a satisfação por suas realizações".[41] Por isso, não apenas a expressão "50 anos em 5", mas a própria presença de jk na vida política brasileira, portava a seguinte exigência: agora, os brasileiros deviam rejuvenescer seus costumes e valores. No prazo de apenas cinco anos, era preciso sacudir para longe a poeira dos preconceitos desfavoráveis à imagem de um Brasil novo, moderno e alegre. O futuro não seria mais um lugar perdido num horizonte distante. O futuro, diziam os entusiastas do governo, poderia ser rapidamente alcançado. Afinal, conforme uma conhecida canção de Juca Chaves, o presidente era "simpático, risonho, original".[42]

Os meios de comunicação de massa difundiram de maneira espetacular essa tendência. Os prudentes conselhos dos avós daqueles rapazes que percorriam as cidades montados em lambretas reluzentes pareciam ter sido esquecidos. Agora, o brilho de uma vida arriscada ofuscava a placidez de formalidades até então julgadas naturais. Os astros de Hollywood davam o exemplo: um ano antes da posse de Juscelino Kubitschek, a revista brasileira *Cinelândia* publicou uma matéria sobre James Dean na qual o ídolo confessava estar cansado dos atores que não corriam riscos e dos jovens avessos às "coisas verdadeiramente excitantes".[43] Essa declaração não era um fato isolado. Inúmeros artistas adornavam de charmes seus arroubos de rebeldia e transgressão. Ser um pouquinho biruta, conforme se dizia, não era sinal de demência, e sim de beleza. Logo no início da presidência de JK, a *miss Cinelândia*, Terezinha Morango, foi apresentada ao público como alguém diferente das *misses* anteriores: tratava-se de uma jovem espontânea, sublinhava a reportagem, dotada de uma descontração até então rara. "Gosto de me sentir livre", afirmou Morango.

Várias reportagens sobre o universo hollywoodiano insistiam num novo gosto dos jovens por eles mesmos: em "A vida de solteira é melhor", Kim Novak expressou o prazer de se sentir livre ao dizer: "às vezes lanço-me no mar, numa inspiração súbita, de roupa mesmo". A atriz fornecia à vida de solteira tons de liberdade.[44] Outra reportagem mostrou Joan Collins empolgada com sua independência e Juliette Greco rebelde e alheia às convenções.[45]

No lugar do lânguido glamour dos vestidos rabo de peixe, os "brotinhos" em alta no cinema e nas revistas manifestavam um *sex appeal* capaz de corar suas mães e avós. Foi quando os jovens conheceram o sucesso de ritmos musicais que embalavam movimentos corporais de modo irreverente, sem contar o hábito de mascar chiclete e de rechear o vocabulário com gírias e palavras em inglês. A atriz americana Sandra Dee, com 16 anos, declarou que glamour deveria ser "juventude, frescura, naturalidade e meiguice";[46] a seguir, a atriz francesa Mylène Demongeot insistiu: "não é mais importante para o público ver uma estrela sensual e glamourosa, imaculadamente bem arrumada com todos os fios de cabelo no lugar certo. Odeio os cabelos penteados de modo artificial".[47]

O que era belo e elegante até então tornou-se sinônimo de artificialidade, um fardo pouco atraente. Todo flagrante sobre a suposta artificialidade das aparências adquiria um perfil demasiadamente pesado para aqueles anos de aceleração da corrida rumo ao desenvolvimento urbano, industrial e de uma crescente liberação corporal. Algumas jovens deram adeus ao laquê e, na década seguinte, elas abandonariam o sutiã de bojo, enquanto as toucas de banho desapareceriam dos anúncios de sabonetes. Desde 1959, as propagandas para sabonete e xampu começaram a mostrar mulheres de cabelos soltos e molhados, entregues ao banho de chuveiro, satisfeitas com elas mesmas, exalando sensualidade e certa nudez. Tudo muito diferente das imagens de artistas em banheiras, pacíficas, cobertas pela espuma até o pescoço, com rosto e cabelos intactos, distantes da água. Agora, o corpo inteiro parecia expressar alguma ousadia, outrora sinônimo de imoralidade. Ousadia representada pela mensagem: "sinta esse prazer".

A publicidade começou a explorar cenas nas quais a mulher se abraçava e, de olhos fechados, sorria ou gargalhava. Se até o presidente gargalhava, por que não rir em qualquer circunstância? Mas o riso precisava exibir a alvura dos dentes obtida graças aos dentifrícios ilustrados na publicidade.

O conselho publicitário "sinta esse prazer" supunha a autorização de estar consigo e cuidar do corpo. A feiura passou a relacionar-se não apenas com a falta de sorte ou de saúde, mas também a ausência de sensibilidade. A feia seria entendida como alguém incapaz de se contentar com a própria vida, discernir seu charme e tirar proveito de seus dotes.[48] Por isso, quando não se tinha uma boa aparência, o melhor, sugeriam os conselhos, era fazer um *exame de consciência*. Beleza se tornava o resultado de um empreendimento pessoal dependente de uma escuta dos próprios sentimentos.[49] Se essa escuta fosse acurada e se a mulher fosse empenhada e disciplinada, a feiura teria sempre alguma solução.[50]

Mas ainda não se sabia muito bem o que significava escutar o próprio corpo. Esse ensinamento apareceu explicitamente nas revistas dos anos 1960. Coragem e persistência seriam necessárias para esse conhecimento interno de desejos e temores difíceis de enfrentar. O vocabulário psicanalítico logo seria empregado por diversos conselheiros de beleza, e os testes para o conhecimento dos próprios desejos e receios, inclusive sexuais, marcariam a imprensa feminina dos anos seguintes.[51]

Entretanto, o sonho de ser feliz para sempre permanecia, mesmo para quem devia se submeter ao trabalho doméstico diariamente. Aliás, enquanto nas igrejas o uso do véu sobre a cabeça das mulheres começava a ser esquecido, a propaganda impressa começava a exibir a imagem de donas de casa sem os aventais. Esse antigo registro do trabalho doméstico foi transposto para o corpo das empregadas, enquanto a dona de casa ilustrada pela publicidade, sempre branca e bem arrumada, sorria, mostrando-se adepta dos novos eletrodomésticos coloridos, práticos e fáceis de usar. Nos novos anúncios, "o aspirador de pó suplantou a vassoura, o espanador, o pano de pó e o cabo de vassoura", este último usado também para bater tapetes.[52] Os novos eletrodomésticos, assim como um reluzente jogo de panelas Rochedo, contudo, ainda serviam, sem grande espanto, como presentes às mulheres no Dia das Mães.

Do glamour ao *sex appeal*

A atriz e escritora Maria Lucia Dahal exprimiu muito bem a atmosfera de uma geração que viveu entre o glamour e o *sex appeal* inspirados em Hollywood:

> Adolescente nos anos 1950, adotei Grace Kelly e seu gênero loura gelada como padrões de comportamento e beleza, mesmo tendo nascido de olhos pretos e morando nos trópicos. Era Hollywood impondo suas regras e colonizando *forever* uma geração. Os homens tinham de ser contestadores e rebeldes mesmo sem causa como Marlon Brando e James Dean. E todas as nossas fantasias eram sonhadas em inglês. Andávamos de Cadillac, tomávamos Coca-Cola, fumávamos e vivíamos Hollywood sem filtro transformando nossas biografias num longa-metragem com trilha sonora de Gershwin e legendas em português, onde os homens eram românticos, diziam "I love you", nos chamavam de "baby" e nos tiravam pra dançar numa coreografia perfeita de Gene Kelly e Fred Astaire.[53]

Em meio à "colonização *forever*" mencionada por Dahal, vários cosméticos Max Factor, Avon e Helena Rubinstein eram coloridos, perfumados e fáceis de usar. Nem todas as brasileiras possuíam recursos econômicos para comprá-los, mas seus anúncios ajudavam a criar o imaginário de uma beleza moderna e *sexy*. Batons, pós de arroz, cremes, xampus e sabonetes, com embalagens coloridas, resplandeciam nas atraentes fotografias publicitárias e davam a impressão de que havia terminado o tempo em que "mulher de má pinta é a que mais a cara pinta".

Desde o final dos anos 1950, a imagem das *femmes fatales* da década anterior pareceu um artifício da velha e cansada Europa. Diferente das antigas revistas, a nova geração de publicações para as brasileiras substituiu definitivamente a expressão "remédios para a beleza" pela palavra "cosméticos". Os produtos para o tratamento do rosto e dos cabelos, criados nessa era de entusiasmo por odores mais cítricos e menos adocicados, pelas embalagens de plástico e cremes sem detergente, convidavam a mulher a adquirir uma aparência juvenil e bela 24 horas por dia.

Antes do início da Primeira Guerra Mundial, a fabricação de produtos aromáticos era praticamente inexistente no Brasil. Com a guerra, surgiu a necessidade de buscar novas matérias-primas no território nacional para alimentar a produção de óleos naturais, essenciais à fabricação de cosméticos.[54] A *Enciclopédia da Indústria Brasileira* indicou que as técnicas de produção de perfumes e cosméticos foram modernizadas nos anos 1950.[55] Mas, ao mesmo tempo, inúmeras empresas estrangeiras especializadas em beleza e higiene estabeleceram filiais no Brasil, inclusive a Avon, com o sistema de venda porta a porta. Na mesma época, aumentou significativamente o número de salões de cabeleireiro no país, assim como o consumo de produtos para a lavagem dos cabelos.[56] Os cremes para o rosto também se modernizaram. Seus anúncios insistiam nas capacidades cosméticas de "tratar a pele com carinho", livrando-a das "células mortas". O medo de guardar essas microscópicas defuntas sobre a pele começou a servir como justificativa para a compra dos cosméticos de diferentes marcas, como Pond's, Max Factor e Helena Rubinstein. A busca da beleza não tardaria a abandonar os conselhos para esfregar a pele vigorosamente e "desencardi-la" ou escovar cem vezes o cabelo a cada noite. Os novos produtos, afirmava a publicidade, penetravam profundamente na pele e nos cabelos para fazer, eles mesmos, a obra da beleza. Maior potência aos cremes correspondia, portanto, a um esforço menor para aplicá-los: a cosmética procurava dotar o gesto que embeleza de uma insuperável satisfação e de um grande conforto.

Enquanto isso, a imprensa estimulava o apreço por informações sobre a intimidade dos artistas famosos e valorizava padrões de comportamento adaptados às necessidades da sociedade de consumo emergente. As mulheres eram convidadas a conhecer o charme da "roupa pronta" – comprada em lojas –, o que contribuiu para criar identidades novas: dizer que alguém era "tamanho 42", por exemplo, viria a ser algo perfeitamente normal. A moda masculina dos cabelos longos ainda não existia, mas os esportes e as roupas de ambos os sexos sugeriam um novo modo de pensar: era preciso atender os próprios desejos. Muitos rapazes daquela época mostravam-se ansiosos pela busca de prazeres pessoais e nem sempre pareciam apressados em constituir uma família. Os contemporâneos do astro James Dean pouco hesitavam em tornar charmosa uma descontração que, para a geração de Clark Gable, seria sinônimo de desleixo. O chapéu, elemento incontornável da elegância masculina, foi progressivamente abandonado e, a seguir, muitos cavalheiros também deixariam de usar gravata em repartições públicas.

As mulheres famosas começavam a exibir nas telas um *sex appeal* esportivo. Roupas práticas e confortáveis sugeriam um charme singular, várias vezes combinado a um semblante de *baby*. O comércio varejista de roupas crescia no país e a moda parecia massificada.[57] Naqueles anos, Nelson Rodrigues afirmou que o brasileiro deixava de ser "pálido como um santo" para adotar o bronzeamento em praias e piscinas.[58] Em 1957, outro exemplo, Celeneh Costa, a "estrela brotinho", apareceu com calças *jeans*, rosto bronzeado, cabelos soltos, parecendo estar mais interessada em sua carreira do que em "arrumar um marido". No verão de 1957, havia quem aconselhasse as mulheres a manterem-se belas, da cabeça aos pés, mesmo sob o sol.[59] "As garotas do Alceu", da revista *O Cruzeiro*, davam o exemplo: mulher é como biscoito, quando ela está tostada é mais bonita.[60]

Mesmo se as jovens das classes médias urbanas continuassem branquinhas e à espera de um marido, talvez não o esperassem da mesma maneira que suas mães. A conquista da independência financeira já era um tema frequente na imprensa feminina e várias conselheiras admitiam que a biografia de cada uma podia ser construída segundo as escolhas individuais, e não mais a partir das determinações familiares. Ora, essas escolhas contariam com o ingresso das brasileiras em outro tipo de "família": aquela das marcas, das empresas de diferentes produtos industriais, incluindo a publicidade da indústria da beleza.

Dessa maneira, as mulheres que ainda faziam roupas e comida em casa foram confrontadas com o charme das adeptas de um novo modo de vida. Um dos contos publicados na revista *Querida*, por exemplo, mostrou essa tendência de modo claro: a personagem principal se sentiu subitamente "lenta, plácida e fértil", tudo o que não queria ser. Isso ocorreu no dia em que ela se deparou com uma jovem residente num apartamento moderno da zona sul do Rio de Janeiro, magra, adepta das roupas prontas e independente financeiramente.[61]

Vários outros contos começaram a ilustrar mulheres belas, sobretudo porque não eram donas de casa, dependentes do marido. Diante delas, que pareciam manequins saídas de uma capa de revista, a beleza das outras corria o risco de parecer feiura.[62] Contudo, o antigo prolongamento entre o corpo feminino e o espaço doméstico se mantinha quase intacto naquelas narrativas. A casa ainda era o espelho da sua senhora. Ocorre que, a partir dessa época, a casa e o corpo de sua proprietária deviam perder peso: móveis leves, práticos, de cores claras, junto a corpos igualmente leves e magros. As estrelas de Hollywood continuavam a dar o tom da época: Barbara Eden, famosa graças à série *Jeanne é um gênio*, declarou que cuidar da beleza era sinal de saúde, incluindo exercícios e sol. Mas ela não deixou de lembrar que, nas telas, "um quilo a mais parece cinco".[63]

No cinema e na propaganda de roupas íntimas, sedutoras *baby-dolls* mostravam-se displicentes e bronzeadas, como se estivessem totalmente convencidas dos benefícios anunciados pelos produtores de xampus refrescantes, cremes transparentes e novi-

O *sex appeal* contagiou a publicidade de cosméticos numa época de diversificação das cores e sabores dos batons. A partir de então, qualquer produto de beleza podia ser *sexy*, saboroso e divertido.

dades da Avon. A partir de 1962, as brasileiras podiam descobrir o prazer de usar Vinólia, o primeiro xampu da Gessy Lever, e, na década seguinte, elas conheceriam um sedoso creme rinse, mais tarde transformado em condicionador. Havia quem pensasse que, na moda daqueles anos, existiam "vários gêneros". Os cabelos, por exemplo, podiam ser curtos, compridos, cacheados ou lisos. Mas o vestido seria "o edifício" e as pernas "os pilotis".[64] Os conselhos de beleza e a publicidade de cosméticos insistiam na ideia de que a noção de glamour devia ser mais solidária à expansão da sociedade de consumo, mais adequada à vida atribulada das grandes cidades e menos acanhada perante a erotização do corpo na mídia.

Mesmo assim, é bom não acreditar numa suposta linearidade histórica referente aos cuidados com o corpo e às tentativas de liberalizá-lo. Pois, entre o glamour e o *sex appeal*, não existiram apenas rupturas nem, unicamente, liberações. Mulher casada que usava calças compridas ou minissaia podia despertar críticas ácidas, pois, em várias regiões do Brasil, ainda havia diferença entre a aparência de solteiras e casadas, jovens e maduras, mulheres sérias e vadias.

Cosméticos independentes do cosmos

A linguagem publicitária permanecia imperativa, mas, diferentemente das décadas anteriores, ela convocava a mulher a ser autêntica e a combater a dissimulação: "CORRIJA as imperfeições da pele com Leite de Colônia; não esconda, não dissimule. Você não poderá enganar seu marido amanhã".[65] A referência masculina permanecia intacta. Mas não era aceitável se contentar com uma beleza que simplesmente dissimulava ou que prosaicamente disfarçava. No lugar de ser um *verniz*, que esconde as imperfeições por algumas horas, a maquiagem devia ser uma *segunda pele*. O trabalho da beleza tentaria aproximar, de modo inédito, aquilo que um rosto é de tudo o que ele aparenta ser. Como se não fosse mais honesto exibir um rosto que não se tem, como se toda distância entre beleza construída e beleza natural se transformasse numa falsidade doravante intolerável. É o que ensinavam os novos conselheiros de beleza, não apenas médicos e escritores do sexo masculino.

À medida que a beleza se transformou em produto digno de ser fabricado e vendido em larga escala, novos profissionais nessa área apareceram: esteticistas, artistas que se tornaram conselheiras e, depois, psicólogos e atletas.

Menos do que um dom, a beleza foi interpretada como o resultado de uma conquista individual, um trabalho que não tem hora nem lugar para começar ou para acabar. "Hoje é feia somente quem quer".[66] Talvez muitas leitoras das revistas brasileiras sonhassem em ter os seios esculturais de Jane Russel, as charmosas curvas de Gina Lollobrigida ou de Sophia Loren, os olhos de Elisabeth Taylor e o exotismo de Ava Gardner. A partir da década de 1950, segundo os conselhos de beleza e os anúncios publicitários, qualquer uma tinha o direito de se tornar bela, podendo vir a ser tão sedutora quanto as suas artistas prediletas.

Houve, evidentemente, progressos na indústria da beleza. Os cremes de tratamento da pele deixaram de ser brancos e espessos para ganhar em transparência e refinamento, fornecendo uma nova discrição ao embelezamento. Uma vez transparentes, eles podiam ser aplicados sobre a pele em qualquer hora ou lugar. Os conselheiros de beleza deram boas-vindas ao apelo dessa naturalidade: "muitas mulheres pensam que para ter glamour é preciso usar roupas fascinantes, maquilage espessa". Essas atitudes denotam "mal gosto", pois "o verdadeiro glamour é natural e elegante".[67] É claro que a obtenção de uma beleza natural exigia trabalho: sutil, minucioso e constante. Esse labor não demorou a se revelar um direito, e não apenas um dever; um prazer sem, contudo, deixar de ser uma obrigação.

Na mesma época, a pintura dos olhos ganhou uma aceitação outrora rara: "Hoje em dia, todas as mulheres estão fazendo como as antigas rainhas do Egito: pintando os olhos. A maquiagem dos olhos tornou-se tão importante quanto a dos lábios".[68] O uso do lápis e do delineador começava a entrar na rotina de mulheres comuns, distantes do estrelato. Afinal, conforme um conselho assinado por Max Factor Junior, a beleza vem do berço, mas vem também – e cada vez mais – da força de vontade, do trato e da habilidade na aplicação da maquiagem.[69] Ou ainda, conforme um anúncio dos produtos da marca Germaine Monteil afirmou, "beleza não é dom, é hábito".[70] Uma artigo sobre as feias, do ponto de vista de um médico, mostrou que muitas "crisálias se transformam em borboletas" com os cosméticos e as técnicas de beleza em voga, além, é claro, de outros investimentos que vão da alimentação à higiene, passando pela boa educação e o otimismo.[71]

Os cosméticos também ganharam novas embalagens e texturas, mais bem adaptadas ao transporte diário dentro das bolsas femininas. Inúmeras embalagens de plástico apareceram no mercado da beleza, ao passo que a banalização do pó de arroz compacto facilitou seu uso fora de casa. Num mesmo estojo, em miniatura, têm-se, portanto, o pó, a esponja e o pequeno espelho. Nos anos 1930, o catálogo do Mappin já expunha anúncios de "produtos de toucador" para as viagens e transportes rápidos, incluindo sacos impermeáveis para guardar o sabonete e o dentifrício. Vinte anos mais tarde, essa tendência ingressou o embelezamento na rotina comum. Embelezar-se deixava de ser uma experiência extraordinária. Muito do que era sinônimo de luxo e decoração tornou-se um conforto portátil e habitual.

Paralelamente, um tom científico se afirmou no campo da cosmética. Vale lembrar algumas etapas dessa história, ainda pouco conhecida: os primeiros congressos europeus sobre o envelhecimento cutâneo marcaram a década de 1960, contribuindo para modificar os significados e o imaginário sobre o que é a pele e, em particular, a ruga. Zona limite entre o ser e o mundo, a pele, desde o final do século XVIII, foi objeto de novos estudos médicos que influenciaram a cosmética e a publicidade de produtos de beleza. Na época moderna, o médico Anne-Charles Lorry, que viveu entre 1726 e 1783, foi pioneiro na proposta de conceber a pele não mais como um envelope inerte, e sim como um órgão vivo.[72] Mais tarde, Ferdinand Von Hebra, nascido em 1816, definiu a pele como um órgão independente, que merecia estudos específicos. As técnicas capazes de isolar as células e distingui-las, assim como os progressos no domínio da Histologia e da Citologia, contribuíram para reconhecer o quanto a pele é um sistema pleno de movimentos de reação e difusão, dentro do qual as células têm uma duração limitada e heterogênea.

Após 1880, as manifestações eruptivas da pele, no lugar de serem consideradas signos de humores nefastos, foram definidas como doenças passíveis de tratamento. Em 1948, foi revelado que a camada córnea possui células de sensibilidade variada.[73] Na mesma época, a hidratação se tornou um dos temas principais da publicidade de cremes para o rosto. A pele passou a ser considerada um grande *sistema sensível*. Assim, o uso de detergentes para a limpeza tornou-se uma ameaça ao equilíbrio epidérmico. Já no final dos anos 1940, a noção de pH da pele conquistou um lugar importante nos debates entre os produtores de cosméticos, dando origem aos produtos destinados a melhor proteger a epiderme das agressões externas. No final da década seguinte, os produtos feitos com lipoproteínas foram considerados os mais adequados para a higiene corporal.

Desde então, o trabalho conjunto entre dermatologistas e indústrias de cosméticos marcou a história de inúmeros produtos de beleza, assim como a trajetória de grandes empresas, como a Avon e a L'Oréal. Em 1936, na França, com a moda do bronzeamento, a euforia das férias pagas e o lazer de massas, a L'Oréal lançou um filtro solar à base de óleo de oliva e tintura de iodo. O sabonete francês Dop, criado nessa década e relançado após a Segunda Guerra Mundial, também conferiu enorme sucesso àquela marca, juntamente com publicidades para creme solar solidárias ao uso do biquíni, antes mesmo que Brigitte Bardot o divulgasse no cinema. A seguir, a L'Oréal se transformou numa multinacional gigante no ramo dos cosméticos.

Os atuais dermocosméticos são devedores dessa história aqui rapidamente mencionada. Mas a década de 1950 ainda estava distante das imagens hoje costumeiramente mostradas pela mídia: rostos de homens e mulheres que ultrapassaram os cinquenta anos isentos de rugas ou flacidez.

3

O jovem que rebola e desbunda

O direito à beleza

O famoso rebolado de Elvis Presley anunciou várias inovações na organização estética da virilidade. O *rock and roll* projetou para o mundo a possibilidade de associar a masculinidade aos gestos, roupas e adereços até então mais adequados às mulheres. As roupas justas, especialmente as camisetas e as calças dos jovens músicos, revelavam uma presença corporal tão espantosa quanto atraente. Anéis, brincos, colares e pulseiras ingressavam no mundo dos homens com a mesma segurança com que cresciam seus cabelos e sua irreverência.

No cenário internacional da moda masculina, Pierre Cardin, Christian Dior e Yves Saint Laurent foram alguns dos costureiros que contribuíram para dar espessura aos significados de uma masculinidade acompanhada por tecidos coloridos e enfeites. "O homem que dormia de terno acordou" com vestes de cores berrantes.[1] No Brasil, em 1960, a Editora Abril lançou a revista *Quatro Rodas* e, com ela, a moda masculina recebeu um novo alento: Fernando de Barros fez com que a *Quatro Rodas* se tornasse "o primeiro veículo a divulgar moda masculina no Brasil".[2] No final daquela década, surgiram xampus exclusivos para homens, cuecas coloridas lançadas por um industrial paulista e, a seguir, a moda dos sapatos com plataformas para a alegria dos mais baixinhos.[3]

Alguns esportistas já eram garotos-propaganda de sucesso, desde a Copa do Mundo de 1958, quando Pelé apareceu em anúncios da conhecida rede de lojas de roupas chamada Ducal. Mais tarde, seria a vez de Emerson Fittipaldi. A silhueta masculina parecia mais do que nunca uma imagem surpreendente e interessante. Quando o *english look* foi divulgado pela moda europeia, a revista brasileira *Senhor* enviou um grupo de funcionários à Grã-Bretanha para estabelecer contatos com confecções masculinas e conhecer o estilo de linhas retas, com roupas justas e ombros desprovidos de enchimentos.[4] Na mesma época, o Cinema Novo ilustrou aparências físicas e estilos de vida distintos das referências vindas de Hollywood.

Nos Estados Unidos, a revista *Playboy* também contribuiu para a invenção de imagens masculinas até então pouco comuns na mídia. Ela mostrava homens que moravam sozinhos, em apartamentos ou casas, distantes das obrigações do casamento, do olhar da esposa e da mãe. Entre 1953 e 1963, a *Playboy* construiu uma nova identidade masculina: uma vida feita de prazeres dentro das residências com estilo e decoração escolhidos por seu proprietário. Enquanto outras revistas mantinham a tradição de mostrar os casados e solteiros em escritórios, na prática de esportes, na caça, em bares e festas, a *Playboy* inventou o homem dentro do seu lar.[5] Um homem hedonista, devotado aos prazeres do sexo e da boa mesa, sem culpas ou arrependimentos.

Outras revistas também começaram a divulgar essa masculinidade doméstica e ao mesmo tempo viril. Por exemplo, uma reportagem de 1956, publicada na revista *Cinelândia*, mostrou como viviam os astros de Hollywood: os galãs em seus apartamentos e mansões apareciam com seus animais de estimação, zelosos de seus nichos de aconchego e intimidade. Eram homens que diziam ter prazer em cuidar do jardim, da decoração e da própria culinária.[6] A vida privada masculina ganhava uma visibilidade pública até então desconhecida. A domesticidade não lhes roubava os traços viris.

Na mesma época, a publicidade aumentou a exibição de homens como objetos do desejo, produtos passíveis de consumo e cobiça. Possuíam cabelos brilhantes e bem tratados, pele lisa, corpo esguio e flexível. Diante deles, os rapazes magrelos e gorduchos, com rostos salpicados por espinhas e olhar embaçado por trás de óculos com fundo de garrafa, formavam a imagem da feiura juvenil.

No cenário internacional, após Elvis Presley, os Beatles e os Rolling Stones, vários astros soltaram os quadris e rebolaram no palco. No Brasil, o sucesso da Jovem Guarda foi importante para a liberação masculina em relação ao uso de anéis, medalhões, colares e roupas coloridas. As estrelas Wanderléa e Martinha apareciam de minissaias, botas, olhar sombreado por rímel e cabelos longos. Os cabelos lisos e o corpo esguio de Ronnie Von contrastavam com a ideia de que um homem precisava ser pesado, robusto e de cabelos curtos. As músicas do grande ídolo Roberto Carlos, assim como aquelas de Erasmo Carlos, o Tremendão, marcaram a história deste país. A novidade desses artistas foi além das aparências físicas para modificar comportamentos e rechear a linguagem juvenil com novas gírias: "bicho", "é barra limpa", "uma brasa, mora".

A seguir, artistas estrangeiros como David Bowie e, mais tarde, Freddie Mercury, Boy George, Michael Jackson e Steven Morrissey foram alguns dos vários ídolos que, em certa medida, embaralharam os antigos limites entre os gêneros. O uso do batom, do rímel e da sombra nos olhos foi comum a vários deles. No Brasil, nos anos 1970, Ney Matogrosso, do grupo Secos e Molhados, apareceu na televisão maquiado e com um rebolado ainda pouco comum para os homens. Foi quando artistas internacionais com expressão doce, como David Cassidy, conheceram um enorme sucesso. Não demoraria muito para que os "embalos" de John Travolta no cinema afirmassem ainda mais o direito dos homens à dança e ao uso de sapatos com um pequeno salto.

Toucas, espinhas e Coppertone

"Começa com uma espinha pequena. Depois outra. E outra. Em pouco tempo, o rosto, as costas, o pescoço e os braços estão invadidos pela acne".[7] A conhecida pomada Minancora nem sempre era suficiente, e as sessões de limpeza de pele em salões de beleza tendiam a ser tão dolorosas quanto perigosas. Rostos marcados pelas espinhas juvenis e jovens amargurados devido à ausência

A crescente valorização da presença masculina na mídia promoveu a desinibição dos jovens também nas pistas de dança. John Travolta e seus "embalos" se transformaram em ícones de uma geração.

O DIREITO À BELEZA

de uma pele lisa foram comuns nos anos anteriores aos atuais tratamentos, incluindo o recurso aos *peelings* químicos.

O problema é certamente antigo. No século xix, por exemplo, as espinhas podiam sugerir uma sexualidade perversa, denunciar o excesso de masturbação ou mesmo a presença de doenças venéreas. Mais tarde, em 1938, foi feita a primeira pesquisa sistemática sobre a incidência da acne nos Estados Unidos. Esse estudo revelou que, numa época de grande oferta de emprego, o jovem com a pele acneica encontrava dificuldade para ser contratado. Isso porque, aos olhos de vários empregadores, um rosto com acne revelava doença, sujeira e desonestidade.[8]

O sucesso da publicidade internacional e nacional de cosméticos também contribuiu para aguçar o problema, na medida em que caprichou no espetáculo de peles rigorosamente lisas. Nos anos 1960, pesquisas científicas relacionaram a acne à produção hormonal, em particular, à testosterona, justamente quando os anticoncepcionais orais foram lançados no mercado. Estes podiam melhorar ou eliminar a acne das moças. Assim, ficavam resolvidos dois problemas com uma mesma pílula, capaz de evitar a gravidez indesejada e a pele espinhenta. Na década seguinte, mais uma novidade: nos Estados Unidos, descobriu-se que o uso do Retin-A (acido retinoico), em forma de gel ou creme, para uso externo, melhorava o aspecto da pele. Contudo, os riscos também existiam, especialmente com o uso, nos anos 1980, do Accutane, derivado da vitamina A.

Nos anos 1960 e 1970, a pele impecavelmente lisa permaneceu um valor importante para a beleza de ambos os sexos e, mais uma vez na história, ela devia ser combinada aos cabelos lisos. Muitos faziam o que se chamou de touca, com dezenas de grampos. Existiam mulheres que conseguiam a proeza de utilizar poucos grampos. Também havia quem metesse a cabeça dentro de uma meia de *nylon*, após puxar a cabeleira toda para um lado. Com grampos ou sem eles, era sempre preciso virar a touca para os dois lados da cabeça e evitar a umidade. O medo de ver os cabelos subitamente armados transformava qualquer ligeiro sereno numa cruel ameaça. Muitas jovens dormiam de touca; outras, para sair de casa com os cabelos enrodilhados, cobriam tudo com lenços coloridos.

Na mesma época, a moda das calças *saint-tropez* soltava a cintura e apertava os quadris, valorizando barrigas magras e nádegas femininas que começavam a empinar. A cintura solta não bastava ser fina, "de pilão", conforme se dizia. O cós baixo das calças, assim como o uso do biquíni, demandava que toda a barriga fosse magra, firme e bronzeada. Passou a ser feio ostentar alguma saliência ou flacidez logo abaixo do umbigo. Ou seja, anos antes da invenção da "barriga negativa", foi preciso criar uma rigorosa aversão à gordura acumulada no ventre. Hoje o vocabulário dessa exigência é criativo, incluindo a barriga zero, chapada, seca, trincada e, talvez a mais trabalhosa de todas, a barriga tanquinho. Houve um progressivo aumento das expressões designando as barrigas julgadas belas porque praticamente inexistentes enquanto barrigas, no sentido antigo desse termo.[9]

Essa nova silhueta, que não exigia apenas a cintura fina, mas o afinamento e o endurecimento de todo o ventre, colocou na ordem do dia uma feminilidade estreitamente relacionada à adolescência. No passado recente, os mais novos imitavam os mais velhos. Tempos depois, essa equação seria invertida. Os mais velhos, para não serem considerados "quadrados" ou "coroas", passariam a ser assiduamente estimulados a aderir à moda adolescente. Mas, no cinema, várias vezes, "sucesso soletrava-se su-sexo".[10] O *sex appeal* em voga exigia que as estrelas de Hollywood aderissem ao biquíni e não escapassem às cenas de nudez.

Nas décadas seguintes, os "brotinhos" seriam as "gatinhas", mais leves e fugidias do que suas mães, porém com frustrações e expectativas outrora impensáveis. Para entender os problemas apresentados pelos adolescentes que logo conheceriam a contracultura, o sociólogo Morris Rosenberg criou uma *self-esteem scale*. A curiosa expressão "autoestima" começaria, desde então, uma carreira de sucesso internacional.

Com a voga internacional dos três S (*sun, sex and sea*), o corpo jovial, magro e bronzeado transformou-se num grande símbolo de beleza, saúde e sensualidade. Em 1944, havia sido criado o primeiro creme de bronzear Coppertone.[11] Mais tarde, a beleza feminina foi pedir morada entre aquelas que conseguiam uma aparência cujas marcas do biquíni fossem bem nítidas. Para dourar a pele valia tudo: receitas mirabolantes eram trocadas entre garotas obedientes a uma disciplina impecável de exposição ao sol. Elas, mais do que eles, dedicaram-se ao bronzeamento em praias, piscinas e quintais: meia hora de frente para o sol, sem se mexer muito, e meia hora deitada de bruços. Ou mais. E isso antes do *walkman* existir. Havia quem gastasse boa parte do dia naquele vira e revira sob o sol. E havia quem ficasse com a pele a arder, logo na primeira tentativa. Quanto mais esdrúxula uma fórmula de bronzeamento, maiores eram as expectativas de conseguir um resultado invejável. Logo fariam sucesso estrelas como Raquel Welch e Ursula Andress, imagens de beldades bronzeadas e molhadas pela água do mar. Os autobronzeadores, inventados nos anos 1960 ainda não eram muito eficazes, o sol continuava a ser a melhor alternativa. Também foi preciso esperar alguns anos para conhecer o bronzeamento artificial feito com luzes, em centros de beleza.

No universo da moda internacional havia modelos consideradas moderníssimas, como Veruschka e Twiggy. Ainda não se falava em *top model*. O sucesso estava com as manequins, também conhecidas pelo termo "maneca", o que já significava um considerável trabalho sobre o próprio corpo: dieta, uso de cosmético, bronzeamento e a produção de um ar irreverente, seguro de si. A pose das manequins retratadas pela imprensa mostrava gestos que, no passado recente, seriam considerados abruptos, excessivamente narcisistas, impróprios às moças de boa família. Mas, agora, abrir as pernas, saltar, fazer careta, tornavam-se qualidades, provas de inteligência e beleza. Ser bela era ser diferente, afirmava a publicidade.

Entretanto, para alcançar o pódio da singularidade pessoal, era preciso perder peso. Todas deviam ser singulares, especiais, diferentes, porém, magras. Na imprensa, uma nova valorização da magreza dos braços e pernas alongou a mulher e ampliou as possibilidades do embelezamento. Todo o corpo precisava ser "trabalhado". Uma quantidade ilimitada de objetos pessoais e roupas podiam, segundo a publicidade, embelezar ou prejudicar o trabalho embelezador. Nem mesmo a compra de um simples colchão escapava ao fato: segundo um anúncio do colchão

As passarelas da moda e as capas de revistas dos anos 1960 mostravam que a beleza devia perder quilos e alongar a silhueta.

Plastispuma de 1966, "não é questão de dormir oito horas, para a sua beleza, o que vale é dormi-las bem dormidas".[12]

Magras, com cabelos lisos, cílios postiços e batons claros, as *misses* dos anos 1960 já anunciavam a tendência seguinte: a emergência da *top model*. A magreza podia não ser apreciada por muitos brasileiros, mas, na propaganda impressa de cigarros, bebidas alcoólicas, automóveis e roupas, ela era associada ao estilo de vida de pessoas ricas, modernas e grã-finas. A silhueta magra também foi objeto de poesia, conforme mostrou Vinicius de Moraes ao escrever "Receita de Mulher":

> É preciso que suas extremidades sejam magras; que uns ossos
> Despontem, sobretudo a rótula no cruzar das pernas, e as pontas
> [pélvicas
> No enlaçar de uma cintura semovente.
> Gravíssimo é porém o problema das saboneteiras: uma mulher
> [sem saboneteiras
> É como um rio sem pontes. Indispensável.[13]

A propaganda de produtos para emagrecer tornou-se mais assídua na imprensa, assim como a insistência em controlar o peso. Foi quando as balanças da marca Filizola apareceram nas drogarias, e todos puderam conhecer e conferir o próprio peso, com uma frequência antes desconhecida.[14] Foi também quando surgiu Meterecal, produto cujos anúncios prometiam um emagrecimento sem risco. Beber chá e muita água virou uma fórmula de sucesso nas reportagens sobre o assunto.[15] Vários conselhos de beleza incorporaram as tabelas de calorias.[16] Suita, do laboratório Squibb, foi criado para substituir o açúcar, numa época de suspeita crescente em relação a esse produto.[17] Símbolo de *status*, o adoçante logo apareceu com marcas diversas, afirmando a suposição de que, afinal, a dieta pode deixar de significar, unicamente, restrição e sofrimento. Podia-se emagrecer comendo doces.

Amar a si mesmo e viver "sem grilos"

Em 1969, um anúncio das toalhas da Artex aconselhou: "faça carícias em você".[18] Não se tratava de uma exceção. Diversos anúncios se esmeravam em mostrar mulheres bastante a vontade diante do prazer físico, insinuando que qualquer um também poderia se sentir *sexy* e resolvidíssimo, desde que se tornasse consumidor dos serviços e produtos divulgados. Parecia que as personagens dos anúncios amavam seus corpos profundamente e tinham superado todos os preconceitos e tabus. Como se, para elas, pior do que trair o marido fosse trair a si mesmas, não gostar do próprio corpo.

Enquanto os brasileiros viviam o endurecimento da ditadura militar, seguido por uma violenta repressão aos movimentos sociais e estudantis, algumas reportagens anunciavam que "a década do eu" havia chegado para ficar. Essa hipótese coincidia com a valorização do amor por si mesmo, presente na publicidade e expresso em diversos artigos da imprensa nacional. Ela também expressava a importância do tema "corpo", especialmente pelo viés da sexualidade. No mesmo ano em que circulou aquele anódino anúncio da Artex, foi criado o *Pasquim*. Esse jornal publicou uma irreverente entrevista com Leila Diniz, na qual ela afirmou que era possível amar uma pessoa e ir para cama com outra.[19] A separação entre sexo e amor, considerada típica do mundo masculino, era reivindicada por algumas mulheres vistas como "prafrentex", rebeldes e arrojadas.

Mas a suspeita da "mulher fácil" permanecia forte em várias regiões do país. A proposta de *gostar do próprio corpo* ainda causava estranheza e alimentava preconceitos, podendo soar como um capricho típico das vadias e dos homossexuais. Mesmo assim, em meio às suspeitas resistentes aos novos ventos da história, milhares de jovens contrariaram os antigos costumes. Tabu da virgindade, união livre, sexo pelo sexo e uso de drogas transformaram-se em temas centrais, dentro e fora das universidades. Em várias partes do mundo, muitos estudantes e militantes reivindicaram "uma sociedade contrária à cultura capitalista e à burguesia consumista e conformada".

No Brasil, a censura e a repressão reinantes tornavam aquela reivindicação extremamente arriscada. Se a publicidade adulava o jovem de maneira explícita, a realidade do país não lhe facilitava a vida, especialmente quando se era militante político ou quando a manifestação da rebeldia desafiava os padrões morais há muito vigentes. De todo modo, os cenários da contracultura internacional imprimiram uma aura positiva à liberação do corpo. Ao som do rock – em 1969, houve o grande festival Woodstock –, milhares de jovens buscaram uma vida em comum, isenta de preconceitos, distante dos interesses que levavam às guerras, como aquela no Vietnã, em oposição à corrida armamentista, típica da Guerra Fria, e contrária à poluição do planeta. Os movimentos de maio de 1968 tenderam a "ampliar o campo do possível", conforme se dizia, inserindo novos temas nas agendas sociais de diferentes países. Havia certamente uma experiência de contestação acumulada, artística e intelectual, incluindo o legado do movimento feminista.[20]

A imprensa, de modo geral, não demorou a publicar conselhos para que os jovens combatessem a timidez, soltassem as amarras corporais, descobrissem o prazer de assumir suas qualidades. A gíria "ficar (ou estar) na minha" afirmou-se como um modo de distinguir os momentos de convívio pessoal, sem a necessidade de dar satisfações aos outros. É provável que as expressões "ficar na sua" e "ficar na minha" fossem filhas do individualismo em desenvolvimento no Brasil (assim como hoje o insistente "está ligado" parece resultar da obsessão em manter-se permanentemente conectado com determinados sinais externos). Mas é provável também que o conselho para cada um gostar de si mesmo não tenha conseguido adesão imediata. Desde o começo dos anos 1960, vários contos publicados em revistas femininas atentaram para a necessidade de a mulher "conquistar um tempo para si", aproveitar cada instante para "escutar seu corpo" e "perceber sua intimidade". Afinal, não era fácil, especialmente para a mulher, ser reconhecido como alguém que podia pensar, e pensar coisas boas e inteligentes, por sua própria cabeça. Num conto intitulado "Pequena revolução", publicado na revista *Querida* em 1964, uma jovem chamada Cristina, depois de dez anos de casada, decide passar as férias sem seu marido e em companhia de uma amiga. Nesse período, ela faz um balanço de sua vida conjugal e toma consciência de que experimenta uma satisfação até então desconhecida: aquela de se encontrar com ela mesma. A heroína percebe que sua satisfação não depende do marido. A ausência deste não era, enfim, "uma catástrofe".[21]

Alguns anos mais tarde, a imprensa feminina começou a usar o termo *infidelidade* no lugar da palavra *traição*. Isso porque, "no sistema da vida moderna, toda mulher pode ser a outra" e esta pode efetivamente vir a substituir a esposa.[22] Livros e artigos publicados nos anos 1970, em vez de fazerem referência à inevitabilidade das esposas traídas, mostravam alguma tolerância para com a infidelidade feminina. Mas seus autores também ousavam perguntar sobre as razões da infidelidade masculina. A jornalista Carmen da Silva foi uma das pioneiras em debater o assunto. Já nos anos 1960, ela escreveu que para muitos homens não valia a pena discutir aquilo "que sempre foi assim. Como quem diz: a Terra é redonda e isso explica o que não tem explicação. Um homem é um homem, que diabo". Ora, para Carmen da Silva, existem "infinitos matizes" na traição masculina, inúmeras razões, diferentes gradações.[23] Trata-se, portanto, de um problema a ser questionado, vasculhado e objetivamente entendido.

O que várias reportagens sobre moda e comportamento revelaram naqueles anos é que, finalmente, um pouco de narcisismo já não fazia mal a ninguém, nem às mulheres. Diferente da traição, a infidelidade não podia ser explicada apenas pelo advento de paixões irresistíveis nem por um suposto defeito do caráter da infiel. Infidelidade resultava de insatisfações que mereciam ser ouvidas, conhecidas e resolvidas.[24]

A descontração corporal em moda parecia sinalizar o advento de mulheres mais abertas às aventuras do presente e pouco comprometidas com as desventuras do passado. Todavia, a liberdade e a autonomia desejadas também foram interpretadas como uma oportunidade para ampliar o embelezamento corporal. Por exemplo, uma reportagem publicada na revista *Realidade* revelou o quanto a cosmética havia entrado na rotina dos homens. "Homem e mulher, agora lado a lado no cabeleireiro", mostrando que "aquele animal bruto" estava preocupado com a aparência.[25] Alguns brasileiros já faziam *misampli* e massagem no couro cabeludo ao lavarem seus cabelos em salões de cabeleireiros como o Braga, do Rio de Janeiro, e o Beka, em São Paulo.[26]

Paralelamente, a imagem da mulher bonita também sofreu mudanças importantes na publicidade e nas reportagens sobre moda. Agora, a bela devia ser grande, 1,68 de altura, pelo menos. Isso porque, a beleza internacional havia chegado para ficar, concorrendo bravamente com os tipos regionais e nacionais.[27] Com ela, veio a técnica de alisar ou cachear os cabelos manualmente, conforme mostrou o cabeleireiro do filme *Shampoo*, interpretado por Warren Beatty.[28] Os bobes fixados durante mais de meia hora nos cabelos aquecidos por secadores fixos ao solo cederam espaço para o manusear ágil de escovas redondas e secadores portáteis.

Os cabelos exuberantes de Farrah Fawcett, assim como aqueles trançados de uma outra loura chamada Bo Derek, marcaram os anos 1970. Lábios brilhantes de *gloss* confirmavam a sensualidade espetacular das novas "panteras" dessa era de desbunde que incluiu uma modelo negra na alta costura: Donyale Luna, musa de Paco Rabanne, "o primeiro costureiro que fez desfilar uma mulher negra".[29]A capital carioca ainda era um centro irradiador das modas em versão nacional, especialmente das roupas de verão e dos trajes de banho: o uso da tanga, por exemplo, em 1974, foi exportado de Ipanema para diferentes cidades. Nelas, as piscinas e os espaços para tomar sol tornaram-se ótimos atrativos para a venda de imóveis.

No anos 1970, a revista *Pop* ilustrou o universo de muitas adolescentes de classe média, embaladas pelos apelos à paz, ao amor e à liberdade. Gostar de si mesmo era o ponto de partida de todos os atos, mesmo se a sua expressão pública não fosse ainda tão evidente quanto se tornou logo a seguir. Algumas gatinhas viraram "cocotas", com suas camisas *Hang Ten* e calças *jeans* com a bainha dobrada, admiradoras dos "feras do *surf*", bronzeados, flexíveis, com cabelos alourados pelo sol e pela parafina. A beleza adolescente, afirmavam os anúncios, lembrava as ondas do mar. Os esportes chamados de "californianos", como o *surf* e a asa delta, valorizavam silhuetas leves e afinadas com as referências

Com secadores portáteis e escovas redondas, a beleza dos cabelos ingressou numa nova época.

A revista *Pop* representou uma parte importante da geração de "gatinhos e cocotas" dos anos 1970: uma adolescência embalada pelo *rock and roll*, rigorosamente esguia e bronzeada.

urbanas das classes médias e abastadas da Europa e dos Estados Unidos. Nesse caso, a força corporal servia para proporcionar melhor equilíbrio e maior deslize do corpo, seja no ar, seja sobre as ondas do mar. Havia também a experiência do *skate*, favorável aos corpos capazes de realizar impressionantes acrobacias aéreas.[30]

Nessas práticas de constante deslize, era preciso inventar uma "condução do corpo" afiadíssima com as pequenas percepções dos espaços. O surfista precisava surfar *com* a onda e, como ocorria no *surf*, outras experiências, dentro e fora do esporte, colocaram na ordem do dia a necessidade de uma integração com a natureza distante de qualquer atitude predatória. Ao lado da imagem dos "gatos", que abraçavam as aventuras de viver livremente, aquela das "gatinhas" também foi integrada ao uso do "biquíni asa-delta", espécie de pai do "fio dental". O que anunciava essa nova beleza, ao mesmo tempo solar e felina, despojada e deslizante, era a necessidade de descontrair, amar a natureza, transar as coisas boas, sabendo "curtir" a si mesmo e à própria tribo, "sem grilos".

"Tudo beleza"

"Bicho-grilo" era um *hippie* à brasileira e todos os seus simpatizantes. Em geral, eram magros, cabeludos e jovens. Costumavam ser avessos ao uso da gravata e aos sapatos femininos de salto alto. Com o bicho-grilo, alguns mais *hippies* do que outros, descobriu-se pelos menos duas coisas: primeiro, que um homem podia manifestar carinho; segundo, que um feio deixava em parte de sê-lo se soubesse assumir-se.

Na publicidade, a banalização do verbo *assumir* revelou uma nova flexibilidade do gosto estético. Como se não houvesse mais uma diferença crucial entre belos e feios, elegantes e desleixados. Todos podiam ser admirados, desde que bem assumidos. Experiência difícil de ser circunscrita apenas às características da aparência, assumir-se também não se restringia a uma opção sexual. Havia uma crédula expectativa no heroico assumir-se, pois essa escolha revelava uma autenticidade inquestionável e uma coragem resoluta em acabar com todas as supostas mentiras, do corpo e da mente.

Para a publicidade, porém, assumir-se era mais fácil do que na realidade. Em diversos anúncios, ao se assumir, um dos primeiros reinos de autenticidade a ser adentrado era o carinho. Ser carinhoso com árvores, cães, gatos, seres humanos e, ainda, com os próprios cabelos tinha quase o sabor de uma descoberta original, fundamental para a paz e o amor no planeta. Filho da ideia feminina de encanto, o carinho foi reciclado com as cores psicodélicas e arrojadas do imaginário *hippie* e não retornou ao berço da mãe: assumiu a imagem de um gosto por si que se queria irreverente e autônomo.

Muitos anúncios de cremes para a higiene e a beleza já divulgavam como era bom e necessário um produto carinhoso com a pele. Nos anos 1970, eles passaram a insistir no fato de o corpo estar carente, frágil e pouco reconhecido em suas singularidades. Por isso, ele merecia, precisava e dependia de muito carinho. Tal qual um bebê desamparado, a pele, principalmente, passou a ser vista como um ente sedento de hidratação, atenção, limpeza e revitalização. Suposições desse tipo justificaram o fortalecimento abrupto das fórmulas dos cosméticos. Segundo a publicidade, os novos cremes para o rosto continham elementos produzidos por grandes laboratórios, capazes de renovar as células e combater ameaças cujos nomes não deixam de impressionar: "radicais livres", por exemplo.

Na história do embelezamento, os ingredientes dos cosméticos anunciados em suas bulas e folhetos publicitários possuem capacidades e nomes que tendem a coincidir de modo flagrante com muito do que ocorre nos planos social e político de cada época. Essa tendência tornou-se mais evidente logo após a Segunda Guerra Mundial, quando, então, os anúncios de vários cremes prometiam uma hidratação profunda. A seguir eles anunciaram a capacidade de combater o estresse epidérmico, repor o colágeno perdido, reduzir a flacidez, eliminar rugas, fechar os poros, em suma, travar uma ampla guerra contra o envelhecimento cutâneo. Os cremes antienvelhecimento logo deixaram de ser minoritários.

Mesmo aqueles para a hidratação dos pés adotaram rapidamente a dita função. Nos dias de hoje, há cremes cuja publicidade chega a prometer o aumento da resiliência da pele.

Verdade ou não, os produtos de beleza não conseguiram abandonar um duplo dever: ser carinhoso e delicado e, ao mesmo tempo, penetrante e destruidor. Tal tarefa alimentou a nova voga dos cosméticos naturais, presente no mercado nacional e internacional desde o final dos anos 1960. Segundo uma reportagem da revista *Veja*, as americanas estavam entusiasmadas com os cosméticos ditos naturais. Com eles, podia-se integrar o corpo na defesa do meio ambiente e propagar uma beleza considerada genuína.[31] Acreditava-se que os cremes ditos naturais eram mais próximos da desejada harmonia entre mente, corpo e natureza. Doze anos mais tarde, a mesma revista publicou uma matéria sobre a moda dos cosméticos naturais no Brasil.[32]

No passado recente, alguns conselheiros ainda recomendavam que as jovens beliscassem as bochechas do rosto para lhes dar um tom rosado.[33] A simplicidade e o natural deviam-se à parcimônia dos recursos disponíveis, combinada ao antigo receio de parecer uma "biscate". Desde os anos 1960, aumentou a possibilidade de fabricar industrialmente o natural, em potes de hidratantes, xampus e produtos de maquiagem. Em 1965, por exemplo, um anúncio do creme Puff, da Max Factor, afirmava que era possível uma maquiagem "radiantemente natural", pois a beleza não deveria ser "aparente, e sim absolutamente real".[34] A Max Factor não tardou a desenvolver produtos à prova d'água e bases com umectante para hidratar a pele, fortalecendo o valor do "natural em potes".[35]

Em 1969, surgiu a Natura, e a voga do natural conquistou todo o seu esplendor no setor nacional de cosméticos. Isso ocorreu por iniciativa de Antonio Luiz da Cunha Seabra. Seus produtos dirigiam-se à classe média em ascensão. Depois, foi criada a Pro-Estética, para organizar a promoção e a distribuição dos produtos Natura. Também foi fundada a Boticário, em Curitiba: após dois anos de experiência com produtos farmacêuticos, Miguel Krigsner desenvolveu uma linha de cosméticos naturais.

Na década seguinte, as grandes indústrias Avon e Coty desenvolveram linhas de produtos naturais. Se, por um lado, o natural se harmonizava mais do que antes com a produção industrial, por outro, ele exigia trabalho. Vários anúncios na imprensa sublinhavam que a pele era "a maquiagem mais perfeita para a mulher".[36] Ora, para ser assim, a pele precisa de tratamentos. A beleza das "gatinhas" bronzeadas com cabelos molhados desafiava a durabilidade dos antigos cosméticos. Ser natural significava nada esconder, com ou sem maquiagem. Todo o corpo precisava atender a essa demanda.

Nesse cenário, o embelezamento da mulher madura (termo em extinção) complicou-se. O ideal de uma beleza autêntica, não apenas à prova d'água, mas, sobretudo, contrária aos antigos artifícios, envolvia um aprofundamento das relações de cada um com o próprio corpo. Isso exigiu misturar o embelezamento com a ingestão de medicamentos para melhorar a forma corporal, de dentro para fora. Mas não bastava essa espécie de medicalização. Era preciso também cuidar da parte sensível, emotiva, relacionada ao corpo. Foi quando a "expressão corporal" deu lugar à expansão da ginástica misturada à dança, em aulas grupais, destinadas a ampliar a consciência física e psíquica. Essa atividade, afirmou um de seus professores em 1975, era uma forma de libertar a energia, soltar os movimentos e expandir os gestos.[37]

Também aumentou o interesse por práticas de meditação, yoga e alimentação macrobiótica ou vegetariana. Esses interesses atraíram pessoas de diferentes idades. A beleza podia, assim, harmonizar-se com iniciativas que tentavam ocorrer fora da produção industrial de massa.

Beleza rebelde

A rebeldia teve vários perfis durante a ditadura militar. Na militância, por exemplo, a imagem das companheiras, lutadoras e corajosas, contribuiu para valorizar a força física feminina, colocando em evidência o destemor do suposto sexo frágil, assim como a disponibilidade de inúmeras jovens, oriundas das classes

A partir da década de 1970, as formas belas começaram a depender também do consumo de vitaminas vendidas em farmácias: era necessário cuidar do corpo "de dentro para fora".

médias, para viver com seus companheiros, distantes dos confortos idealizados por suas famílias.[38]

Naqueles anos, ser revolucionário era uma moda *in*, e reformista, uma tendência *out*. Uma boa dose de radicalismo parecia fundamental para participar da vida moderna.[39] Mas, em todos os casos, confirmava-se um antigo pressuposto: "o medo é feio".[40] O conformismo também não parecia uma ideia muito atraente nos meios juvenis e, sobretudo, entre revolucionários.

Ruptura com a família, novas experiência amorosas e sexuais, contracultura, militantismo e luta armada eram alguns aspectos típicos do ambiente juvenil dos anos 1960 e 1970.[41] Havia diferenças importantes entre a militância e a contracultura.[42] Embora a imagem de Che Guevara pudesse ser cultuada para além da militância – o belo rosto do Che foi admirado por toda a sua geração –, a rebeldia não foi homogênea.[43] De qualquer modo, o despojamento das aparências foi amplamente considerado um signo de inteligência e beleza. Ele se tornou uma referência importante à estética corporal daqueles anos.

A rebeldia juvenil exprimia uma parte da descontração corporal rapidamente captada pela publicidade. A imagem da revolta era lucrativa, conquistava novas fatias do mercado e fornecia aos anúncios uma aura juvenil. A publicidade das várias marcas de calças *jeans* não demorou a explorar esse filão. Os produtos de beleza com apelo às fragrâncias ditas naturais também fizeram o mesmo.

Mas, conforme já foi sugerido, as expressões utilizadas naquela época veiculavam uma atmosfera pacífica e ao mesmo tempo indicavam a necessidade de o jovem "saber se curtir" e "ser ele mesmo". A expressão "fazer a cabeça" servia como forma de se distinguir, com ou sem drogas, mas também revelava a vontade de obter paz, sem "cair na fossa". A palavra "fossa", comum na época, ainda não evocava propriamente o que hoje se entende por depressão. A fossa era parente próxima da tristeza regida por alguma dor de cotovelo, incluindo a ausência da pessoa amada.

Na mesma época, o uso da pílula anticoncepcional começava a modificar as relações da mulher com o seu corpo, contribuindo para diferenciar sexo de reprodução. A contracultura permitia às jovens se liberarem das obrigações da depilação, do cabeleireiro e

O apelo à sensualidade física fazia-se junto à promoção do individualismo.

da maquiagem. Os homens podiam deixar a barba crescer, assim como os cabelos. Seus corpos não precisavam se submeter às atividades físicas como a ginástica ou o esporte. As silhuetas esguias eram ilustradas pela moda internacional, repleta de batas indianas, alpargatas, tênis, além das mochilas e pochetes feitas com tricô, crochê e tecidos de algodão. Na revista *Pop*, uma reportagem intitulada "A grande aventura de viver juntos" mostrou casais jovens que diziam não admitir "rótulos" para seus comportamentos nem a interferência dos pais. Esses jovens fundavam famílias e comunidades por conta própria, algumas mais nômades e mutáveis do que outras. Reportagens desse tipo revelavam uma beleza rebelde exposta na coragem de inventar uma vida alternativa, na qual era possível dizer: "não temos nada, só horizontes".[44]

Essa atmosfera rebelde e ao mesmo tempo pacificadora também foi rapidamente transformada em atrativo comercial. Os cabelos, uma vez libertos das antigas amarras feitas com toucas, grampos, bobes e brilhantinas, demandaram hidratações para acentuar o brilho e a soltura dos fios. Em 1974, foi lançado o creme Neutrox, quase uma revolução nos cuidados capilares. A "grande aventura de viver ao ar livre"[45] podia ser acompanhada por críticas mordazes à sociedade de consumo mas, dentro dela, a publicidade dos produtos de beleza adquiria novos argumentos: "seja livre e fique nu", com a ajuda dos novos produtos que valorizam a liberdade e a exposição do corpo.

No final nos anos 1970, a Rede Globo lançou a série *Malu Mulher*, colocando em debate o tema da "descasada". A atriz Regina Duarte, considerada a "namoradinha do Brasil", interpretava o papel de uma mulher de 32 anos, separada e independente. Não demoraria muito para que a controvertida figura da desquitada cedesse o lugar para a banalização da divorciada ou simplesmente para a separada. No final da mesma década, Sônia Braga interpretou a personagem principal em *Gabriela, cravo e canela*, atiçando o valor de uma sensualidade morena e selvagem. Nesse momento, os perfumes de pinho, sândalo, violeta, jasmim, limão, assim como o inconfundível Patchouli, evocavam uma proximidade com a natureza considerada sinônimo de beleza e sensibilidade. Durante quase dez anos, os cabelos crespos de muitas brasileiras tiveram um período de relativo descanso, distantes das toucas e das químicas para os alisamentos. Bastava lavá-los, às vezes hidratá-los, e eles secavam ao vento e ao sol.

Parecia uma libertação e, de fato, era. Para vários jovens (incluindo os rapazes), a contracultura, assim como a influência dos movimentos pelos direitos dos negros nos Estados Unidos, forneceu uma aura positiva aos cabelos crespos. No universo artístico, muitos jovens, como Gal Costa, Caetano Veloso, Maria Bethânia, entre outros, já assumiam seus volumes capilares. Os cabelos longos e crespos pareciam mais rebeldes do que quaisquer outros, um símbolo de liberdade, coragem e, portanto, beleza.

Entretanto, com cabelos lisos ou crespos, dentro e fora da contracultura, havia algo muito claro para todos os jovens: era preciso arrumar meios para "estar de bem com a vida" e "assumir-se". Essas eram algumas das principais condições para ingressar numa "viagem" anunciada em altos brados naqueles anos: "jovem, o mundo é seu".

Celulite, intoxicação e estresse

Parecia uma anedota de mau gosto: a divulgação do biquíni foi acompanhada pela ampla difusão dos males da celulite. O amor por si mesmo mal aflorava e já parecia coxo diante daqueles furinhos detestáveis. A revista *Claudia*, criada em 1961, logo publicou matérias apresentando "o problema". Até então, poucos conheciam o assunto ou empregavam o nome; mas, logo, a malvada surgiria em matérias de página inteira e seria considerada uma patologia. Pior: todas as mulheres tendiam cedo ou tarde a serem contempladas com a dita desgraça.

Desde a sua descoberta, o problema exigiu um verdadeiro programa de combate: ginástica, dieta, uso de cremes e tratamentos em clínicas especializadas. As supostas soluções não cessaram de crescer em número e variedade. Mas a banalização do temor diante da celulite não foi imediata. Demorou cerca de duas décadas para ela ser reconhecida em toda a sua gravidade e virar uma inimiga mesmo das magras. Antes disso, outros riscos eram notícia.

Em 1977, a revista *Pop* publicou uma reportagem intitulada: "A poluição, uma ameaça à vida".[46] A propaganda de cosméticos acentuava, também, o poder de alguns cremes para aliviar o cansaço da pele, protegendo-a dos fatores agressivos do meio ambiente. Vários perigos pontuais foram divulgados como ameaças à saúde e à beleza. Em 1972, a Organização Mundial da Saúde alertou sobre os riscos do bactericida hexaclorofeno, presente em dentifrícios, desodorantes e talcos.[47] No Brasil, leis e decretos reconheceram a necessidade de controlar o uso de tais produtos.[48] Ingredientes nocivos à pele foram descobertos em alguns cremes.[49] Segundo a Lei nº 6.359, de 23 de setembro de 1976, nenhum produto de beleza e higiene poderia ser industrializado e colocado à venda sem estar inscrito no Ministério da Saúde.[50] Depois, a inclusão de mercúrio e urânio na composição dos cosméticos foi proibida.[51] Descobriu-se também que o uso do absorvente íntimo podia provocar uma "síndrome tóxica".[52] Receios diversos rondavam o consumo de desodorantes, tinturas para os cabelos e cremes depilatórios. A espuma do sabonete para o banho, antes considerada signo de limpeza e conforto, passou a ser vista como excessivamente ríspida à pele. As ameaças não se limitavam aos cosméticos e produtos de higiene. A moda esportiva merecia precauções e cuidados até então pouco divulgados.[53] Mesmo a dança nas discotecas podia provocar alterações na visão e na audição.[54]

Entre todos os riscos, aquele apresentado pelas exposições ao sol conquistou um lugar de destaque. No verão brasileiro de 1986, a revista *Veja* publicou uma matéria sobre o assunto na qual era dado o alarme:

> este talvez seja o último verão em que tantos banhistas brasileiros ainda terão noites de arrependimento e dor na pele por terem se exposto indevidamente ao sol. A partir de Janeiro próximo, estará proibida no Brasil a fabricação de bronzeadores que não contenham em suas fórmulas algum tipo de substância que funcione como filtro solar.[55]

148   Embora a presença do filtro solar fosse obrigatória desde 1966, o prazo dado aos fabricantes para se adaptarem à dita exigência venceria em 1987. O risco do câncer de pele começava a ser uma notícia importante na mídia nacional. E a Johnson&Johnson acabava de lançar o Sundown, cuja proteção máxima era a de número 15. Segundo a mesma reportagem, esse índice indicava "uma concentração tão grande de filtros que uma pessoa de pele muito branca e que se queimaria em apenas 5 minutos de exposição ao sol" poderia "permanecer na praia por 1 hora e 15 minutos, devidamente besuntada, sem danos para a saúde".[56] Os anúncios de óleo para bronzear já apareciam nas revistas dos anos 1930. Nessa mesma época, foram criados pela Bayer os filtros solares destinados às peles sensíveis. Mas, agora, o risco do sol para a pele ganhava um peso inusitado. As ameaças pareciam abruptamente maiores do que haviam sido até então.

Já em relação aos cuidados com a forma física, a antiga necessidade de limpar o organismo tornava-se sinônimo de desintoxicação. Segundo inúmeras reportagens, mesmo sem utilizar drogas, o organismo se intoxicava. Em meio a um cortejo de temores diferentes, destacavam-se aqueles da alimentação com gordura e açúcar. A partir de 1990, as formas de *addiction* foram buscadas nas compulsões que envolvem desde sexo e drogas até cirurgias plásticas e comida. Mas, antes disso, nos anos 1970, o consumo do açúcar se tornou um dos grandes vilões da alimentação saudável.

Na mesma época, as alergias provocadas por alguns produtos de maquiagem para os olhos ganharam espaço na imprensa nacional. A expansão do mercado de cosméticos, assim como a divulgação dos riscos e charlatanices existentes nesse meio, está na base da criação de normas para o uso e a fabricação dos mesmos. Em 1995, foi fundada a Abihpec (Associação Brasileira da Indústria de Higiene Pessoal, Perfumaria e Cosméticos) – extensão do trabalho desenvolvido pelo Sindicato da Indústria de Perfumaria e Artigos de Toucador no estado de São Paulo, criado em 1941. Essa associação contribuiu para colocar as marcas brasileiras no cenário internacional, além de amadurecer o trabalho no setor dos cuidados com a aparência em solo nacional.[57] Mas a procedência dos produtos continuou a ser uma preocupação; em 2001, o comércio ilegal tinha 35% do mercado.[58] Antes disso, em 1999, foi criada a Anvisa (Agência Nacional de Vigilância Sanitária), e seis anos mais tarde a organização ambientalista Greenpeace lançou um guia chamado "Cosmetox", no qual foram classificados produtos de beleza e higiene de acordo com as substâncias tóxicas que continham.

4

Homens sensíveis e mulheres feras

⌈Reino e ruína do corpo⌋

O antigo imaginário referente à dupla "a bela e a fera" foi inúmeras vezes utilizado para distinguir o feminino do masculino. Mas, a partir dos anos 1970, uma nova organização da virilidade transformou parte da graça feminina em sensibilidade masculina. Ao mesmo tempo, a suposta ferocidade dos homens deixou de ser vista como um atributo exclusivo a seu sexo. Em suma, a bela e a fera reuniram-se num mesmo corpo. E esse corpo podia ser jovem ou idoso, homossexual ou heterossexual.

Diversas razões explicam essa espécie de dois em um. Para o público letrado, o advento de uma consciência ecológica antes desconhecida, somada à valorização da psicanálise, favoreceram a aceitação de uma masculinidade permeada por algumas delicadezas emotivas, ao lado de uma feminilidade tonificada. Conforme já foi sugerido, as imagens da contracultura também contribuíram para aproximar características femininas das masculinas – rapazes de cabelos longos e roupas coloridas contrastavam com a figura de seus pais, metida em ternos escuros, gravata, cabelos curtos e sapatos de couro. A emergente descontração masculina exigia uma flexibilidade das mãos e do olhar até então vista como expressão da preguiça ou de alguma feminilidade digna de crítica. Tendências artísticas nacionais, como o Tropicalismo e a Jovem Guarda, ajudaram a valorizar uma masculinidade cuja estética desafiava os padrões julgados moralmente decentes. Gostar do próprio corpo deixava, enfim, de ser sinônimo de egoísmo para se tornar uma qualidade fundamental à distinção e à afirmação social.

Um dos primeiros sinais dessa mudança foi a transformação de alguns jogadores de futebol em modelos publicitários e, portanto, em imagens para a contemplação masculina e feminina. Exemplar a esse respeito foi a figura de um "goleiro de pernas bonitas" que posou para a revista *Nova*, em 1974: o jogador brasileiro Emerson Leão apareceu seminu, quase deitado, exibindo uma plástica física considerada sensual e extremamente máscula.[1] Essa tendência já existia, mas a sua amplitude na mídia teve início nos anos 1960. Foi quando surgiu o primeiro concurso de beleza masculina, realizado pelo programa de televisão de Flávio Cavalcanti. Nele, o jovem Pedrinho Aguinaga foi eleito como o homem mais bonito do Brasil.

Segundo esse espírito, enquanto as novas revistas femininas focavam o valor do sucesso profissional das mulheres, diversas propagandas de perfume lançavam homens como modelos de beleza. Em 1987, as colônias masculinas mais vendidas no Brasil eram aquelas das marcas Bozzano, Niasi, E. Gibbs e Williams.[2] Os xampus da Colorama e da Seda entravam rapidamente nas experiências do banho masculino, assim como os condicionadores e cremes. Depois do goleiro Leão, diversos homens másculos e belos foram fotografados em poses até então julgadas típicas da sedução feminina: deitados em camas e sofás felpudos, eles lançavam olhares sensuais em meio a um ambiente esteticamente produzido para destacá-los como corpos a serem desejados. Enfim, era "a vez do homem-objeto".[3]

Em outubro de 1972, a *Seleções do Reader's Digest* publicou uma entrevista com um professor americano intitulada "Os homens continuam realmente homens?"[4] Nela era questionado se existiria uma "nova masculinidade" em curso. Segundo o professor, se o "homem dominador, forte e caladão" era o ideal do americano, agora, os jovens não mais achavam um sinal de fraqueza a demonstração de seus sentimentos. Os homens haviam descoberto que não era vergonhoso assumir suas vontades de afeto e intimidade. Aliás, em várias empresas, as emoções de cada trabalhador tornavam-se elementos essenciais para a garantia da produtividade e do lucro. Conhecer os próprios sentimentos, compreendê-los em cada situação e, sobretudo, saber gerenciá-los com eficiência eram atividades extremamente sérias, o coração dos recursos humanos de várias instituições.

Segundo um número crescente de artigos na imprensa, a atividade sexual também deveria servir para o homem exprimir afeto, comunicar e encontrar afinidade. "Antigamente, precisávamos do homem relativamente taciturno, que não se entregava na tempestade. Hoje, numa sociedade congestionada e complexa, precisamos de homens flexíveis e cooperativos."[5]

A versão brasileira da revista norte-americana *Cosmopolitan* começou a ser publicada em 1973 pela Editora Abril.[6] Ela propunha a liberação dos prazeres de maneira muito mais explícita e assumida do que as demais revistas. Nela, as propagandas e reportagens tenderam a substituir os termos "marido", "noivo" e "namorado" pela palavra "homem". Tratava-se de "ter um homem" ou de conquistá-lo, o que não especificava a situação conjugal. "Seu homem" podia ser um marido, namorado ou amante. Para consegui-lo, valia uma série de iniciativas femininas até então julgadas inadequadas, todas baseadas num ideal de mulher ativa sexualmente, segura de si, satisfeita consigo.

As mulheres eram, portanto, sedutoramente convidadas a passar ao ataque, mas sob a condição de conhecerem o próprio corpo e, em particular, o desejo sexual. Precisavam tornar esse desejo algo cada vez mais consciente para que, desse modo, ele pudesse render mais prazer e menos descontentamento. No lugar da negação do desejo, tratava-se agora de saber descobri-lo, conseguir manuseá-lo em benefício próprio, calculá-lo, dominá-lo. O que implicava torná-lo um material objetivamente concreto.

Muitos dos "gatinhos e gatinhas" ilustrados em revistas como a *Pop*, recém-saídos da adolescência, ao ganharem a idade adulta e um "emprego fixo" – coisa que ainda se dizia –, eram incitados a agir como feras. E não mais sobre as ondas do mar. No mundo comercial e empresarial era exigida muita disposição física para se ter sucesso. A imagem de secretárias com aparência de modelos, exalando erotismo e destemor sexual foi progressivamente somada àquela das "executivas". Como no filme *Uma secretária de futuro (Working Girl)*, de 1988, o sonho do amor e do sexo apaixonado coincidia com as expectativas de reconhecimento no trabalho e de uma meteórica ascensão social.[7]

Na cama e no trabalho, afirmavam as várias reportagens da *Nova*, homens e mulheres deviam ser inventivos, sensíveis e desinibidos. Como se tivesse acabado o tempo em que "os homens faziam sexo nas mulheres" para começar a época em que ambos o *praticavam*, com iguais direitos, deveres e prazeres. Evidentemente, as coisas não eram fáceis nem simples. As mulheres incitadas a serem feras de "cama, mesa e escritório" também eram chamadas a responder com delicadeza, graça e disciplina aos desejos masculinos. Simultaneamente, os homens eram coagidos a serem como sempre pretenderam: viris, infalíveis na cama. Mas agora, também, seres sensíveis. Progressivamente, eles se tornaram objetos de uma incitação que serviria para render lucros na família e no trabalho: deviam abrir seus corações, trabalhar suas emoções, expor suas intimidades. A sexualidade ingressava no campo de uma *performance* com grandes exigências para ambos os lados, o preço não era módico.

As revistas *Ele e Ela* e, a seguir, a *Nova*, fomentaram a imagem de uma mulher permanentemente sedutora, o que, com certeza, representava custos de tempo e dinheiro.[8] Diferentemente da antiga exigência de ser elegante, o dever de ser sedutora exigia um trabalho muito mais direto e concreto com o erotismo. Não por acaso, os conselhos dirigidos à mulher passaram a enfatizar a possibilidade de qualquer dona de casa ser tão erótica em sua rotina quanto uma modelo das revistas masculinas *Status* e *Penthouse*, ou mesmo da *Nova*. Os produtos típicos dos *sex shop* ainda não apareciam facilmente nos conselhos dedicados a ensinar como apimentar as relações, mas já havia quem recomendasse às mulheres a liberdade de elas mesmas fotografarem seus corpos nus, lembrando que, para isso, era recomendável usar cremes que melhorassem a aparência exposta às lentes da câmera.[9] Logo a seguir, a publicidade ousou mostrar imagens e sugerir cenas outrora raras, como aquelas nas quais os homens tocavam mulheres quase nuas.[10]

Enquanto a publicidade caprichava em sugestões eróticas, a massificação dos filmes pornográficos atualizava a milenar preo-

Vários anúncios de produtos para o emagrecimento sugeriam mais prazer e sedução do que sacrifícios e sofrimentos.

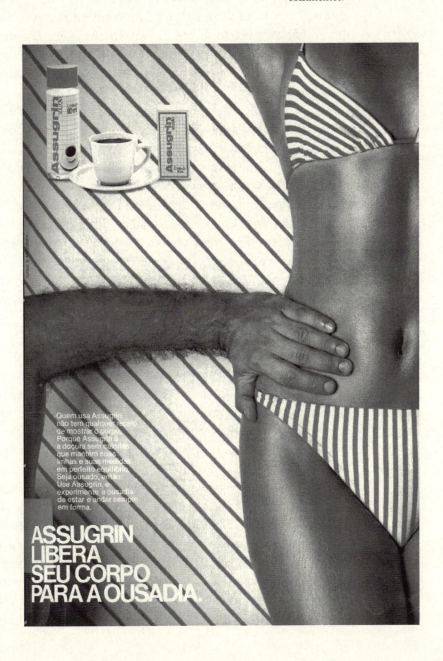

cupação masculina com a ereção. A andropausa mantinha-se um tabu, raramente comentado pela imprensa. A partir dos anos 1990, alguns artigos divulgaram o problema e, em geral, foram acompanhados por outros dois temas: a reposição hormonal masculina e o risco do câncer de próstata.[11] Com o advento da aids, surgiu uma espécie de receio diante das insinuações permanentes do desejo sexual na mídia. O apelo ao sexo não diminuiu, mas cedeu parte de seu esplendor para um tipo de publicidade mais voltada a valorizar a saúde e o bem-estar.

A partir da década de 2000, surgiram os concursos de beleza gay em diversos países e a difusão de fotografias e filmes dos premiados. O mercado da beleza ampliava rapidamente sua influência rumo à diversidade sexual em pauta. O termo "transgênero" tornou-se cada vez mais conhecido, desafiando o discurso médico e patológico que utilizava a expressão transexual.[12] No Brasil, em 1977, a revista *Veja* publicou uma matéria sobre os gays por meio da qual é possível perceber tanto a dificuldade de aceitar socialmente a sua presença quanto o mercado promissor que eles já representavam.[13] Longe de ser homogêneo, esse mercado atraiu cada vez mais a atenção dos produtores do embelezamento corporal, influenciando diretamente os demais mercados. Em 2007, a Boticário lançou um comercial que mostrava um casal gay, confirmando o quanto o tema ganhava novos espaços na mídia. A Rede Globo já havia incluído personagens gays em suas novelas, justamente numa época de crescimento dos movimentos em prol da aceitação social da diversidade sexual. Toda a mídia tornou-se objeto da atenção crítica de organizações como a Glaad (*The Gay & Lesbian Alliance Against Defamation*), com trabalhos iniciados em 1985, em Nova York.

Há quem acredite que os gays impulsionaram o consumo de cosméticos dentro do universo masculino. Entre heterossexuais, o assunto "cosmético" ainda hoje é um tabu, mas o tema do cuidado com a aparência já não se contrapõe automaticamente àquele da virilidade. Segundo a matéria intitulada "Lindos de morrer", os homens detestam falar no assunto, mas procuram cada vez mais os centros de embelezamento, inclusive para fazer depilação dos pelos julgados excessivos.[14] Em 2003, já era possível perceber o "triunfo

da vaidade masculina no Brasil". A partir de então, "homem que é
homem usa hidratante para as mãos (e para o corpo, e para os pés),
creme antirrugas e, de vez em quando, até faz limpeza de pele".[15]

No entanto, os cosméticos entraram no mundo masculino,
tanto dos homossexuais quanto dos heterossexuais, pela via da
autoestima. É ela, sobretudo, que justifica, segundo boa parte
deles, o trabalho embelezador. Hoje, muitas mensagens publicitárias baseiam-se na esperança de curar qualquer baixa estima
graças ao consumo de cremes de beleza e de uma "esticadinha" na
cara: "levanta o astral", rejuvenesce, sacode a poeira entristecida
que faz tudo cair, do moral à libido.

Beleza esportiva

Na década de 1980, "malhar o corpo" em academias, parques,
grandes avenidas, condomínios fechados e praias modificou o
antigo imaginário dos clubes. Muito do que era feito dentro deles
escapou para outros espaços. Ora, nos clubes havia concentração
de lazer, esporte e, sobretudo, convivência entre os sócios. Mas a
prática dos exercícios físicos tendeu a se espalhar cada vez mais
nos parques e ruas, adquirindo imenso valor nas recomendações
médicas, na publicidade, em filmes e novelas.[16] As roupas esportivas tornaram-se comuns, assim como o uso do tênis, dentro e
fora dos locais de trabalho. Fica a impressão de que o individualismo havia chegado ao Brasil pelos braços do culto ao corpo e
da massificação do estilo esportivo.

Os anos anteriores haviam, porém, preparado esse terreno da
banalização do esporte.[17] Por exemplo, duas grandes campanhas
esportivas da década de 1970 já valorizavam a ginástica e o esporte:
a Mexa-se e a Esporte para Todos (EPT). A primeira foi elaborada
em 1974 e colocada em funcionamento no ano seguinte pela Rede
Globo e pela União de Bancos (Unibanco). Nos filmes publicitários
da Mexa-se, exercitar-se era um meio saudável de mudar hábitos,
postura física e relações sociais. Andar a pé, correr e subir escadas

combatiam a vida sedentária e proporcionavam mais disposição e alegria. A segunda campanha foi programada na mesma época e se inseriu nas promoções de atividades esportivas desenvolvidas pela Secretaria de Esportes do município de São Paulo. Sua inspiração tinha origem na Noruega, na década de 1960. A formulação da Esporte para Todos havia sido feita pelo Conselho da Europa, com o intuito de desenvolver o esporte no quadro da educação permanente de inúmeros países.

Assim, na mesma década do milagre econômico e da crise do petróleo, a atividade física "entrou em alta".[18] Uma ampla divulgação do teste *cooper*, importado pelo brasileiro Cláudio Coutinho, contribuiu para transformar a experiência do *jogging* numa atividade de lazer digna de nota: "a saúde está na moda", "as pessoas estão correndo", nos parques, nas calçadas, em pistas de corrida ou fora delas.[19] Desde então, uma curiosa divisão entre os seres humanos de todas as idades e classes sociais foi banalizada: os ativos e os sedentários. Dois grupos em constante oposição. Os primeiros tenderam a ser vistos como pessoas do bem, já os sedentários, nem tanto.

Em 11 de agosto de 1971, a Lei nº 5.692 fixou normas para tornar obrigatório o ensino da Educação Moral e Cívica e da Educação Física nas escolas.[20] Segundo os fundamentos da Política Nacional de Educação Física e de Desportos (PNED), criada conforme a Lei nº 6.251, de 8 de outubro de 1975, o esporte era um dos mais importantes elementos para a formação de um homem e a coesão social.[21] O ideal, afinado com os objetivos da ditadura militar, era o de desenvolver o esporte de massas e também o de alto nível.

Mas nem tudo no culto ao corpo brasileiro devia-se apenas ao Brasil ou vinculava-se exclusivamente às decisões do Estado. A voga da "malhação", conforme uma novela da Globo iria se chamar, tinha raízes em terrenos diversos, inclusive na crescente importância atribuída à autonomia individual e à transformação do corpo pessoal em algo tão ou mais importante do que outrora fora a alma. "Em 1992 começaram a circular as revistas *Forma Física*, da Editora Efecê, e *Corpo a Corpo*, da Símbolo." É quando "a preocupação estética prevalece sobre a questão da saúde."[22] Foi também quando as academias de ginástica ganharam maior visibilidade no Brasil. Nas praias e piscinas, os biquínis de *lycra* acentuavam o valor de um "corpo malhado".

Os músculos conquistaram uma positividade inusitada entre as mulheres, primeiro discretamente, em aulas de dança. Em 1982, segundo a revista *Manchete*, já havia uma "febre do *jogging* e das academias de dança", assim como o crescimento dos esportes amadores. Astros americanos davam o exemplo: Jane Fonda ensinava como manter a forma física – e não mais apenas a linha, conforme se dizia nos anos 1950. Agora, era toda a forma corporal que devia estar implicada a regimes e atividades físicas. No Brasil, Ala Szerman ficou famosa com suas aulas de jazz, uma tendência que promoveu um estilo próprio: roupas coloridas, incluindo polainas, maiôs, meias e outros adereços divulgados, por exemplo, no famoso musical americano intitulado *Fame*, de 1980, ou ainda, no filme *Flashdance*, de 1983, cuja heroína já exibia uma forma corporal indicativa de duas tendências que fizeram sucesso a partir de então:[23] primeiramente, um corpo feminino tonificado, sensual, rijo e ao mesmo tempo flexível; a seguir, a valorização da dança para além do círculo restrito do balé clássico, acessível a jovens com poucos recursos financeiros.

No mesmo ano da produção de *Flashdance*, a cidade do Rio de Janeiro contava com cerca de 7 mil academias de ginástica e com 800 mil cariocas praticantes de musculação.[24] Com o progressivo ingresso das mulheres no "mercado do músculo", os aparelhos, ambientes e roupas relacionados ao exercício físico sofreram uma espécie de "feminilização". O imaginário da musculação se distanciou das salas exclusivamente masculinas, voltadas ao antigo halterofilismo. Houve uma flexibilização da austeridade quase militar reinante naqueles espaços e a adoção de máquinas e equipamentos coloridos, favoráveis ao conforto físico de ambos os sexos.

Mudança semelhante ocorreu com as bicicletas: os modelos Berlineta e Monareta foram lançados no mercado, com rodas pequenas, partes de apoio e direção passíveis de regulagem, incluindo tipos unissex e dobráveis.[25] Conforme uma matéria da revista *Exame*, a bicicleta antes disso "tinha uma aparência triste e uma imagem irritantemente utilitária. Quase sempre preta e de linhas tradicionais, era considerada uma ferramenta de operário".[26]

O aumento da *performance* física e esportiva tornou-se uma moda enfática, sedutora e colorida.

REINO E RUÍNA DO CORPO

A publicidade de marcas esportivas – Topper, Pum, Le Coq Sportif, Speedo, Dijon, Rainha – aproximou os esportistas amadores dos profissionais. Foi quando algumas empresas voltadas à produção de materiais esportivos e de lazer ficaram famosas no país. A Servenco, por exemplo, foi uma das pioneiras na fabricação de equipamentos para o lazer urbano. Não demoraria muito para que a primeira bebida isotônica fosse inventada nos Estados Unidos pelo treinador do time de futebol americano Florida Gators, da Universidade da Florida, Ray Graves. Para solucionar o desgaste físico de seus jogadores, Graves, junto a uma equipe de cientistas, criou o que viria a ser chamado de Gatorade, lançado no Brasil em 1988. A ênfase no consumo de suplementos alimentícios de diversos tipos também ingressou rapidamente no cotidiano das academias de ginástica e em diversos meios juvenis. A ingestão de uma quantidade crescente de líquidos era assiduamente recomendada pela imprensa, e as imagens de jovens em plena prática esportiva, acompanhados de garrafas de água e sucos especiais, indicava o desenvolvimento de um grande mercado de bebidas sem álcool.[27]

A voga das academias de ginástica concentrou-se no eixo Rio-São Paulo, mas não deixou de atingir outras cidades. Apenas para citar um exemplo fora daquele eixo, em Brasília existiam quatro academias em 1983 e, no ano seguinte, esse número subiu para onze.[28] O cenário dos esteroides anabolizantes também ocupou um lugar destacado na otimização do rendimento físico.[29]

Ainda nos anos 1980, "uma onda do corpo" tomou conta da capital carioca.[30] Os jovens universitários buscavam bem-estar físico, se interessavam por esportes, musculação e dança. O treino da mente para conquistar a felicidade ganhava espaço nos setores da autoajuda, tanto quanto os exercícios para endurecer nádegas, coxas e aumentar a musculatura dos braços. A invencível Lara Croft, personagem de ficção criada por Toby Gard, já podia ser adivinhada naqueles corpos resultantes da prática assídua da musculação e do *jogging* da década de 1980. Mas nem todas eram facilmente consideradas belas com corpos musculosos.[31]

Das *tops* às bonecas vivas

Jovens, muito jovens: altas, magras, ombros largos, pernas longas e uma pele de cetim.[32] A voga esportiva desenvolveu-se ao sabor de um ideal de beleza com mulheres medindo mais de 1,70 m de altura e com ombros retos, muito diversos dos ombros das *misses* e vedetes dos anos 1950. A referência, mais uma vez, era internacional: em 1990, uma fotografia da *top model* Claudia Schiffer apareceu na revista *Nova*, exibindo 1,80 m de altura.[33] Não se tratava de uma jogadora de basquete. O charme das baixinhas, roliças, do tipo *mignon* parecia definitivamente esquecido. O mesmo já acontecia com as "rechonchudas" e os "gorduchos".

Os corpos esguios e magros dos adolescentes também ganharam a cena televisiva em programas da MTV. Criada nos Estados Unidos, em 1981, com programação fortemente musical, ela também apareceu em outros países. A MTV brasileira surgiu em 1990, um ano depois que Cindy Crawford foi considerada, por uma edição francesa da revista *Vogue*, "Top do Top das *top models*". A beleza parecia um lucrativo negócio internacional, como se ela fosse "uma conta na Suíça. Contanto que se tenha 1,80 m de altura e um nome: é a era das Naomi, Cindy, Christy, Linda e, mais tarde, Gisele".[34]

As primeiras agências de manequins surgiram nos Estados Unidos, nos anos 1920, no auge da moda das melindrosas, leves e magras. Eram agências muito diferentes daquelas fundadas depois de 1970, quando surgiu a Elite, com grande poder no setor, inclusive no Brasil. Na época da Jovem Guarda, algumas das chamadas manecas já haviam conquistado fama nacional. Maria Stella Splendore, por exemplo, atriz e modelo, casou-se com o estilista brasileiro Denner e foi notícia em diversas revistas da época. Para a modelo sueca Lisa Fonssagrives, as manequins daquele tempo não passavam de *"porte-manteaux"*, ou seja, cabides para as roupas de marca. Progressivamente, o dito *"porte-manteaux"* se tornou mais importante, célebre e procurado do que todos os produtos de beleza da atualidade.[35] Nos anos 1970, algumas manequins se transformaram em ícones de sensualidade. Rose di Primo foi talvez a mais famosa no Brasil. Carioca, modelo de diversas marcas e produtos, ela foi a personagem central de um comercial do iogurte Vigor que provocou alguma polêmica nos anos 1970. Nele, ao mostrar Rose di Primo e afirmar que ela era "uma das mulheres mais belas deste país", com "pele perfeita, corpo perfeito", uma voz *off* pergunta: "Rose você poderia abrir a boca para provar que é também inteligente?". No lugar de falar, a musa abre a boca para abocanhar uma colher do iogurte Vigor.

Na década seguinte, a idade das modelos diminuiu. Muitas adolescentes de 12 e 13 anos deixaram suas famílias e escolas para integrar aquele universo de negócios entre adultos, tão sedutor quanto estafante. Em 1989, a expressão *top model* serviu de título para uma novela exibida pela Rede Globo. As modelos mais famosas já se mostravam espetaculares "cidadãs do mundo", habituadas a constantes viagens, ciosas de possuírem habilidades impressionantes, como aquela de se sentir absolutamente à vontade em qualquer país. Pareciam vorazes consumidoras de marcas e serviços internacionais, sempre magras e jovens, justamente numa época em que o consumo de cosméticos e de perfumes ganhou maior importância no país. Por exemplo, o Brasil era o segundo maior consumidor mundial de produtos da Avon, perdendo apenas para os Estados Unidos. Existiam 200 mil vendedoras brasileiras empregadas naquela empresa, realizando o trabalho de porta a porta.[36] Já a L'Oréal possuía 130 demonstradoras de seus produtos em solo brasileiro. No final dos anos 1980, cerca de 70% do mercado nacional de perfumes, artigos de higiene e beleza estavam nas mãos das empresas estrangeiras, sobretudo as americanas.[37]

Mais tarde, quando o mercado de cosméticos ganhou ainda maior amplitude e as marcas de luxo conquistaram importantes fatias do mercado, as *top models* já eram as grandes representantes da sofisticação de produtos que prometiam uma beleza internacional. Foi quando a imagem da *top* bem-sucedida alcançou seus dias de glória, principalmente depois do sucesso da brasileira Gisele Bündchen. Segundo inúmeros sites e reportagens sobre a sua trajetória, essa *top* agrada todas as classes sociais. Ela espelha uma beleza que parece ser sempre bem-sucedida mundialmente e em todas as circunstâncias.

Em 1990, com a liberalização das importações no Brasil, foi possível abrir as portas para os cosméticos de marcas estrangeiras.[38] Segundo a revista *Exame*, a chegada de cremes e perfumes importados ao país causou grande ebulição no setor. Cosméticos da Lancôme, por exemplo, foram vendidos primeiro em Porto Alegre, porque, segundo a reportagem, era no Rio Grande do Sul que se concentrava um número maior de mulheres habituadas a "fazer o passo a passo da beleza, da limpeza à nutrição". Conforme previam os profissionais da área, o referido hábito iria se espalhar rapidamente para outras regiões do Brasil.[39]

Na mesma época, o mercado de maquiagem para crianças ganhou uma visibilidade inusitada na mídia. Segundo a Anvisa, o Brasil se transformou num dos maiores mercados de cosméticos infantis.[40] Tendo em vista as suas normas, era preciso diferenciar os produtos utilizados pelas crianças, pois eles não poderiam ser os mesmos usados, por exemplo, em bonecas ou em adultos, incluindo esmaltes, batons e fixadores de cabelo. O Brasil é o segundo no *ranking* mundial do consumo de produtos infantis para a beleza e a higiene, abaixo apenas dos Estados Unidos e seguido pela China em terceiro lugar.[41] O atrativo de embelezar crianças deu lugar à criação de empresas como a Mydori, que "lançou a primeira linha de maquiagem infantil credenciada, Princesa, lincenciada com personagens da Disney, como Branca de Neve e Cinderela".[42] A partir de 2000, foram criados salões de cabeleireiro infantis em inúmeras cidades brasileiras: por exemplo, surgiu o GlitzMania, em São Paulo; o Pop, em Salvador; o Kaká e Belô, em Goiânia; e vários no Rio de Janeiro.

Os concursos de *miss* também invadiram o universo infantil, dando lugar a todo tipo de espetáculo. Tiveram início nos Estados Unidos, na década de 1960, e logo se tornaram uma rentável e internacional indústria. Em 2011, uma menina de 5 anos chegou a usar seios falsos num concurso de beleza.[43] No mesmo ano, a americana Eden Wood, uma *miss* infantil de 6 anos, declarou que já estava na idade de se aposentar, pois queria deixar de lado os concursos de beleza para investir na "carreira de celebridade" da vida adulta.[44] As polêmicas em torno das "minimisses" aumentaram especialmente depois de setembro de 2103, quando o Senado francês votou uma lei proibindo a participação de menores de 16 anos naquele tipo de concurso. Pandemia de pequenas princesas, hipersexualização das crianças e favorecimento da pedofilia foram alguns dos problemas levantados por críticos de várias partes do mundo diante das *misses* que, diferentemente dos antigos e rechonchudos bebês expostos nos concursos de beleza e robustez infantil, possuíam como padrão os corpos adultos, incluindo gestos, posturas e olhares distantes de toda inocência.

Depois da boneca Barbie e da "barbierização dos padrões"[45] nos concursos de beleza, a criança foi chamada a se reconstruir segundo a aparência física daquela boneca adulta. Uma passada de olhos pelas bonecas ao longo da história revela uma parte das expectativas dos adultos em relação ao corpo feminino. Por exemplo, a boneca Susi, lançada em 1966 pela empresa brasileira Estrela, foi relançada em 2007 com um formato mais longilíneo e seios maiores do que as suas antecessoras.

Para uma menina de 5 ou 7 anos, é provável que usar maquiagem e outros recursos do embelezamento feminino dependa das relações entre ela e sua mãe. É provável, também, que essa prática seja antiga, fazendo parte dos jogos miméticos de aprendizagem. Restaria saber, no entanto, se esse gesto, hoje guarnecido com uma imensa indústria de produtos para a beleza, valorizado de modo espetacular pela publicidade, ainda continua integrado às brincadeiras casuais de criança ou, ao contrário, transformou-se em empreendimento necessário, um dever sério, à mercê de objetivos típicos da vida adulta.

Passar o corpo a limpo

Há pelo menos dois aspectos que aproximam a cirurgia estética do câncer: ambos são fenômenos multifatoriais e estão em franca expansão no mundo. Mas, enquanto o câncer carrega o dramático imaginário da degradação física e da doença, a cirurgia plástica sugere o oposto: regeneração, rejuvenescimento e aumento da autoestima.

Nos Estados Unidos, a expressão *plastic surgery* reúne há mais de um século a ação de corrigir e embelezar as aparências físicas.[46] A lipoaspiração e o aumento dos seios lideram a lista das cirurgias plásticas hoje, diferentemente de décadas passadas, quando a rinoplastia era a modalidade mais comum. Nos últimos anos, países do Extremo Oriente também têm se destacado, inclusive em operações para a ocidentalização das aparências.

Há, primeiramente, razões gerais que explicam o sucesso mundial das cirurgias estéticas. A mais óbvia é a imperativa publicidade, direta e indireta, que valoriza tais procedimentos cirúrgicos. Outra razão, não menos óbvia, é a crescente globalização publicitária de um padrão de beleza no qual o sucesso está sempre junto às aparências jovens e longilíneas, à pele impecavelmente lisa e firme, aos cabelos sedosos, aos lábios carnudos e aos dentes rigorosamente brancos e alinhados.

No Brasil, vários artigos na imprensa dos anos 1960 e 1970 já anunciavam o sucesso de alguns cirurgiões e a possibilidade de pagar a crédito as operações. Mas foi depois da década de 1980 que o tema ganhou um destaque publicitário até então desconhecido. Por exemplo, em 1985, a revista *Nova* publicou uma propaganda intitulada "novas formas para seu corpo, com a plástica da barriga", mostrando fotos de seios e ventres femininos antes e depois das cirurgias.[47] Na mesma época, outras revistas publicaram anúncios e reportagens com elogios ao corpo refeito cirurgicamente. Na década seguinte, publicações especializadas no assunto, como a revista *Plástica e Beleza,* contribuíram para valorizar a aventura de passar o próprio corpo a limpo pelo bisturi, manuseado por cirurgiões transformados em celebridades. Artistas nacionais deram o tom do otimismo reinante: "Carla Perez embalada na alegria de viver".[48] A introdução de próteses em seus seios teria não apenas embelezado a estrela, mas também aumentado a sua alegria. Ou seja, o sucesso na carreira das artistas também devia ser comprovado com os bons resultados cirúrgicos. Em 2000, mesmo uma revista evangélica, a *Eclésia,* publicou um artigo intitulado "Beleza sem culpa", mostrando o quanto as evangélicas superavam preconceitos em nome da aparência física. No meio evangélico, as cirurgias plásticas eram justificadas assim: Deus dá liberdade para cada um melhorar fisicamente e remodelar a aparência.[49]

É evidente, também, que o otimismo diante da cirurgia plástica é proporcional ao medo de envelhecer. Essa é outra razão geral e inegável que explica o sucesso do recurso ao bisturi. Aliás, os conselhos de beleza posteriores à década de 1960 tendem a referir-se à velhice como se esta devesse ser um estado passageiro – daí a ideia de que *se está velho*, e não a de que *se é velho* –, uma indecência passível de ser revertida, curada ou pelo menos grandemente amenizada graças às cirurgias. Em numerosos anúncios para cosméticos e vitaminas, envelhecer sem ser velho deixou de ser uma contradição em termos. Rejuvenescer tornou-se uma necessidade cada vez menos discutível para garantir emprego, cônjuge e aceitação social. Assim, a diferença entre envelhecer e "envelhecer mal" tornou-se cada vez mais difícil de ser percebida. Mesmo quando se está na "flor da idade" – expressão curiosamente menos utilizada hoje do que no passado –, há sinais da velhice a combater e a prevenir.

Existe, enfim, uma razão técnica e científica inegável para a atual banalização das cirurgias plásticas: houve um imenso progresso nessa área, principalmente na segunda metade do século xx. Uma rápida passagem pela história pode ilustrar uma parte desses avanços:[50] desde o século xix, nomes como o de Jacques Joseph (1865-1934), especialista em rinoplastia, de Charles Conrad Miller, cirurgião e autor do livro *Cosmetic Surgery: the correction of featural imperfections*, e da francesa Suzanne Noël (1878-1954), marcaram os avanços no domínio da cirurgia estética. No Brasil, o livro *Considerações sobre o lábio leporino*, de 1842, do cirurgião geral Joaquim Januário Carneiro, foi um dos primeiros trabalhos que, ao abordar a cirurgia reparadora, mostrou preocupações com o embelezamento corporal. Em 1915, a obra de José Rebello Neto, intitulada *Cirurgia estética*, teve o mérito de iniciar uma nova fase na história dessa especialidade, na medida em que enfatizou a necessidade de o cirurgião não apenas corrigir e reparar, mas também se guiar pelo senso artístico.[51] Essa posição expressa uma íntima relação entre correção, reparação, cura e embelezamento, presente em vários discursos dos cirurgiões plásticos atuais.

Com a Primeira Guerra Mundial, o desenvolvimento da cirurgia plástica conquistou uma importância até então desconhecida, tanto na Europa quanto nos Estados Unidos. Durante a guerra, a ação das metralhadoras e bombas estilhaçou nervos e cartilagens de numerosos soldados, originando desafios cirúrgicos inusitados. Além disso, nos Estados Unidos, as aparências ocidentais e brancas determinavam boa parte do sucesso artístico em Hollywood. A atriz norte-americana e judia Fanny Brice, por exemplo, submeteu-se a uma rinoplastia em 1923 e proclamou publicamente que não queria apagar seus traços originais, mas que era preciso estar dentro das medidas exigidas para interpretar diferentes papéis.[52]

Mas o sucesso das cirurgias plásticas não demorou a ser seriamente ameaçado por alguns problemas graves. Um exemplo conhecido a esse respeito foi o *affaire Dujarier*, no final da década de 1920, quando um importante cirurgião francês chamado Charles Louis Antoine Dujarier foi condenado a pagar uma considerável soma para uma de suas pacientes. Houve um grande erro médico, e seu processo provocou muita polêmica e críticas inflamadas, ameaçando a credibilidade dos cirurgiões. As primeiras associações científicas desse domínio não tardaram a aparecer, assim como os seus congressos e publicações. Em 1933, surgiu a disciplina de Cirurgia Plástica na Escola Paulista de Medicina. A Sociedade Brasileira de Cirurgia Plástica foi fundada em 1949, e a Sociedade Latino-Americana de Cirurgia Plástica, anteriormente criada, tinha a sua sede na cidade de São Paulo.

Mesmo assim, a cirurgia plástica ainda parecia uma vergonha a ser ocultada, uma porta aberta a riscos e malefícios dramáticos. O silicone, produto sintético criado nos anos 1940, ao ser aplicado nos seios em forma líquida, resultou em inúmeros problemas para as mulheres operadas. As próteses mais modernas, do começo dos anos 1960, da Dow Corning Corporation, também provocaram distúrbios orgânicos e geraram controvérsias.[53]

Tendo em vista a riqueza de interpretações e de simbolismos que envolve a cirurgia plástica, especialmente a do rosto, não espanta saber o quanto ela já foi transformada em objeto cine-

REINO E RUÍNA DO CORPO

matográfico fascinante. Por meio daquelas intervenções, diversos filmes dos anos 1940 e 1950 abordaram alguns dos principais limites da humanidade e da ciência ou, então, revelaram a vaidade das mulheres e a troca de identidade vivida por criminosos, bandidos e homens em busca de vingança.

Mas a aura sombria que muitos filmes daqueles anos forneceram à cirurgia plástica não combinava com a positividade reinante nos artigos sobre o assunto na imprensa, especialmente depois dos anos 1960. As revistas brasileiras, por exemplo, passaram a divulgar com certa assiduidade as vantagens dos procedimentos cirúrgicos, especialmente para as mulheres. Em 1963, uma reportagem sobre o tema ocupou duas páginas da revista *Querida*: "mulheres muito jovens, mesmo antes de chegar aos 30, depois de um emagrecimento muito pronunciado precisam e têm sido operadas com sucesso".[54] Junto à positividade atribuída às cirurgias plásticas, a mesma reportagem mencionou "injeções de hormônios" nas faces, hidratação, entre outros cuidados do pós-operatório de uma cirurgia de "levantamento facial". Na década seguinte, a cirurgia estética recebeu contribuições essenciais para o seu sucesso. Foi quando o francês Yves Gérard Illouz inventou a lipoaspiração moderna, enquanto novas técnicas de intervenção nos músculos da face revolucionaram a antiga noção de *lifting*. Além disso, houve uma significativa evolução das próteses mamárias e das técnicas destinadas a reduzir as cicatrizes.

Desde então, a imagem da cirurgia plástica ganhou maior leveza e segurança. Algumas revistas femininas começaram a divulgar os progressos na área com um tom mais otimista do que recatado.[55] O recurso cirúrgico servia, enfim, para melhorar as aparências, e não exatamente para modificá-las de modo radical. Podia-se rejuvenescer com algumas cirurgias faciais. Segundo a imprensa nacional, a cirurgia plástica havia se tornado um recurso sério, bom e acessível para melhorar anatomicamente as "feiuras" típicas de qualquer "raça", cor ou idade.[56] Por exemplo, no artigo intitulado "Deus faz, Ivo conserta", é mostrada uma galeria de mulheres famosas que realizaram intervenções em nome da beleza, especialmente facial, assim como a presença positiva do cirurgião Ivo Pitanguy.[57] Difícil resistir aos apelos da propaganda favorável à cirurgia plástica quando ela é difundida como poderosa alavanca para a felicidade, a saúde, a ascensão social e o sucesso.

Mais difícil ainda é resistir às cirurgias quando se sabe que houve ampliação da expectativa de vida, acompanhada pela ênfase inusitada no direito ao prazer sexual para homens e mulheres. O desejo de se manter fisicamente atraente após os 50 anos ganhou legitimidade e grande apoio do mercado de cosméticos e das técnicas cirúrgicas. Há certamente algumas diferenças nas maneiras de perceber a cirurgia plástica entre os sexos, as classes sociais e as idades; mas, para todos, retardar os sinais do envelhecimento tende a ser uma estratégia que melhora a posição de cada um na concorrência com os mais jovens.[58] Há, igualmente, distinções entre as épocas. Depois dos anos 1980, por exemplo, houve um aumento da procura pelas cirurgias plásticas, o que contribuiu para inserir o paciente numa relação com o cirurgião cada vez mais ativa e contratual, segundo intervenções voltadas a melhorar o que já se considera bom.

Na Europa e nos Estados Unidos, o paciente, transformado em cliente, tendeu a conceber a cirurgia plástica como uma oportunidade para exercer sobre o corpo uma experiência de *bricolagem*.[59] Nessas circunstâncias, o corpo adquiriu o aspecto de um *projeto* a ser construído pelas mãos dos médicos, a partir das escolhas do "cliente", e graças aos meios científicos e tecnológicos disponíveis. Ora, bricolar é menos glorioso do que edificar, mas mais ambivalente e incerto do que unicamente restaurar.[60]

Entretanto, além dos fatores mais óbvios, presentes em numerosos países, como a evolução das técnicas, os progressos científicos, o aumento da expectativa de vida, a derrubada de tabus antigos contrários à autonomia individual para modificar as aparências, seria o caso de perguntar por que os brasileiros ocupam um lugar de destaque no *ranking* mundial daquelas cirurgias. A resposta mais fácil seria dizer que o culto ao corpo é antigo na cultura brasileira, o clima favorece e a moda agradece.

Mas há outros aspectos a serem considerados. O primeiro deles é este: comparado aos países europeus, o Brasil é uma sociedade majoritariamente jovem; por isso, a concorrência para adquirir e manter tanto os empregos quanto os cônjuges é extremamente violenta, especialmente para quem tem mais de 40 anos e é mulher. Além desse aspecto, há outros: as cirurgias embelezadoras (mesmo transformando o paciente num cliente comprador de serviços) tendem a ser assumidas como um *merecido presente*. Com este, espera-se ingressar numa vida com mais sucessos e menos penas, num cotidiano mais certo do que vulnerável, que balança menos do que a corda bamba das aparências consideradas frágeis, doentias e envelhecidas. Pensar em termos de *bricolagem*, como ocorre em países europeus e nos Estados Unidos, seria um meio de reduzir a violência da intervenção cirúrgica. Entretanto, no Brasil, *bricolar*, no sentido amplo desse termo, representa não apenas inventividade e autonomia, mas também alguma pobreza de meios e de poder. Para muitos brasileiros, ainda existe a ideia da boa aparência como um dom, não mais unicamente divino, e sim oriundo, também, da ciência e da tecnologia. No limite, a beleza fruto do trabalho diário – regimes, ginástica, uso de cosméticos – seria menos credível (e muito mais penosa) do que aquela resultante da arte e da ciência do bisturi.

Mas isso obviamente não explica todo o sucesso das cirurgias plásticas no Brasil. Há outros fatores. Por exemplo, para milhares de brasileiros, "melhorar o visual" é concebido como um meio de, finalmente, corrigir uma injustiça. Se, no passado, essa decisão podia ser acompanhada por um sentimento de culpa, hoje, ao contrário, muitos esperam, por meio do sucesso cirúrgico, livrar-se de uma aparência julgada inferior, que *não combina* com o que eles pensam deles mesmos. "Dar um *up* na aparência" representaria ainda uma prova de autoestima e, ao mesmo tempo, um meio de potencializar-se.[61]

No limite, poder-se-ia dizer que houve uma inversão: se, no passado recente, a cirurgia plástica era vista como um pecado à obra divina, uma prova de vaidade excessiva, em suma, uma transgressão moral, hoje ela tende a ser considerada uma prova de autoestima, um recurso para combater os sentimentos de vulnerabilidade subjetiva e fracasso físico, muitas vezes interpretados como provocadores de exclusão econômica, afetiva e social. Além disso, a cirurgia plástica pode representar a possibilidade de usufruir de todo um aparato científico e tecnológico que, no decorrer da história nacional, foi considerado um luxo de poucos, e não uma solução para muitos. As cirurgias gratuitas realizadas por Pitanguy tiveram o mérito de incluir socialmente milhares de pessoas de baixa renda. Mas a valorização conquistada pela cirurgia plástica também fomentou o sonho de que, por meio cirúrgico, pode-se trocar o mundo incerto dos pobres pelo universo imaginado dos ricos, os quais prescindiriam de trabalho, esforço ou constrangimento, mesmo quando o assunto é a produção da beleza. Afinal, um rosto sem as marcas do tempo evoca a ausência das penas, muitas delas oriundas de duras labutas.

Nesse universo de riqueza e ócio imaginados, as pessoas seriam, finalmente, donas de seus corpos. A cirurgia plástica funcionaria, portanto, como um recurso espetacular para transformar alguém que se acha despossuído do próprio corpo – porque este lhe dá provas de ser um fardo – em seu proprietário. O que não significa exatamente obter o controle total sobre si. No Brasil, talvez não seja unicamente o controle o que se pretende, e sim a aquisição de um *corpo abençoado* e que, como tal, sempre ajuda em vez de atrapalhar. Um corpo que funciona, portanto, como impulso a vencer na vida, e nunca como um contribuinte do fracasso. Um corpo que sabe apagar as mágoas diárias sem se render aos efeitos colaterais, que, diferentemente de ser submetido ao controle, surpreenda positivamente o seu "dono", saindo-se melhor do que se imagina. Um "verdadeiro corpo", portanto, visto como mais natural do que "o anterior".

Por isso, pode-se traçar aqui um paralelo rápido entre o corpo do brasileiro e a natureza do Brasil: a visão tropical desta última, divulgada pela propaganda turística, tende a ser a de uma gigantesca potência, com saúde e força inesgotáveis, mesmo quando há provas contrárias. Se o Brasil é identificado com a imagem de um "gigante pela própria natureza", este induz a pensar que o corpo do brasileiro está abaixo do grandioso elemento natural e tem, como dever, representá-lo. Assim, se esse corpo é visto como representante do "colosso natural"; quando falta saúde ou boa aparência, ele se vê carente de sentido, ameaçado de ser, tal como um artifício inferior, *um remendo de corpo*. Nesse caso, a cirurgia plástica bem-sucedida conseguiria naturalizar o corpo desprovido das forças que lhes deveriam ser naturais. Ela operaria uma *conversão*, tornando o corpo mais próximo de uma imagem de potência e resistência, as quais, por direito natural, são entendidas como a essência da vida física, principalmente quando se é brasileiro.

Esses são apenas alguns dos aspectos que compõem o complexo quadro do sucesso das cirurgias plásticas no Brasil. Seria preciso considerar ainda o quanto a busca da beleza construída cirurgicamente está associada à banalização das imagens corporais de "antes e depois" dos procedimentos cirúrgicos. Essas imagens migraram das revistas científicas para aquelas da imprensa e da televisão. Habituar-se a vê-las cria a impressão de que qualquer corpo, jovem ou velho, é sempre um rascunho à espera de ser passado a limpo pelo bisturi. Nesse aspecto, o advento do Photoshop contribuiu para ampliar o terreno de irrealidade das imagens da beleza física. Hoje, mesmo algumas revistas pornográficas já são testemunhos dessa transformação.

Resta que o sucesso da cirurgia plástica é correlato ao espetacular desenvolvimento da "medicina estética" – criada primeiro na França e nos Estados Unidos dos anos 1970 e, na década seguinte, no Brasil. O tema "medicina da beleza" foi capa da *Veja* em 1981 e, desde então, marcou presença assídua na imprensa brasileira.[62] Hoje, vários procedimentos cirúrgicos são percebidos como tratamentos estéticos, o que ameniza significativamente o impacto da ideia de "entrar na faca". Diversos anúncios da blefaroplastia, por exemplo, afirmam que esse procedimento pode ser realizado em ambulatórios.

O desenvolvimento da medicina estética contribuiu para ampliar não apenas o sucesso de uma aparência considerada politicamente correta, mas também a expectativa de que é possível comprar o rejuvenescimento facial sem os efeitos de um pós-operatório, quase como se fosse um milagre. No Brasil, os anos 1990 corresponderam à difusão do uso do ácido retinoico no rosto. "A droga da beleza" foi o título de uma reportagem no caderno Mais! da *Folha de S.Paulo* de 1996, que também alertou para alguns perigos do seu uso.[63] O botox, anunciado como a grande "sensação dos tratamentos temporários do rejuvenescimento do rosto",[64] foi igualmente alvo de exageros e maus usos.

A longa história de busca da beleza foi de fato pontuada por acertos e erros, alguns gravíssimos e fatais. Solange Magnano, *miss* Argentina e manequim, morreu com 38 anos vítima de uma embolia pulmonar após a introdução de ácido hialurônico misturado com Meta Crill, nome comercial do polimetilmetacrilato (PMMA).[65] O uso desse material sintético também provocou efeitos nefastos em brasileiras. Os riscos de alergias e infecções começaram a ser cada vez mais divulgados pela mídia nacional.[66] Mas ainda é minoritária a consciência sobre os riscos e, principalmente, pouco se sabe acerca das características de cada produto utilizado. Em janeiro de 2012, o escândalo das próteses de silicone da marca francesa PIP testemunhou o quanto o *negócio da beleza* é repleto de lacunas quando se trata de informar aos consumidores quem são os fabricantes e de que maneira cada produto é fabricado e comercializado. Lacunas e ao mesmo tempo negligências, incompetências e corrupções, de diversos tipos e níveis.

O mercado das injeções rejuvenescedoras se revela cada vez mais promissor, mas vários laboratórios fabricantes de produtos injetáveis promovem, eles próprios, a formação de especialistas na aplicação dos mesmos. Há ainda um mercado paralelo na internet que fornece explicações sobre como aplicar os produtos, além de vendê-los. De fato, o mercado da medicina estética não cessa de crescer. Existem, enfim, diferentes procedimentos estéticos baseados no *peeling* e no uso do *laser* rejuvenescedor, cuja técnica repousa sobre um princípio físico descoberto por Albert Einstein. Utilizado pela primeira vez em 1961, o *laser* se revelou potente na mudança da pigmentação da pele, no combate do envelhecimento cutâneo e de cicatrizes.

Em suma, com um número crescente de possibilidades para rejuvenescer, é hoje cada vez mais difícil manter-se enrugado, manchado e flácido. A cirurgia plástica, os preenchimentos, *peelings* e *lasers* tendem a ser vistos como *tratamentos* cosméticos. Sendo assim, eles assumem um aspecto leve e sem riscos, podendo ser realizados nos horários de almoço para quem trabalha, quase como quem apenas mudou de roupa ou de batom. Como cosméticos, eles também não teriam uma hora muito certa para começar, menos ainda para terminar. Tanto os jovens como os velhos possuiriam razões muito sérias para adotá-los, integrando-os à rotina e aos orçamentos anuais, medicalizando cada vez mais assiduamente as vaidades e os desejos pessoais.

Os progressos nos âmbitos cirúrgico e estético reforçaram a ideia de que, com eles, qualquer um pode se adaptar ao mundo contemporâneo, melhorar a relação consigo e com os outros e, ainda, escapar ao fracasso, ao abandono e à solidão. Mas, em alguns casos, o procedimento não é estético. Exemplar a esse respeito é a adesão ao G-shot. Trata-se do nome dado nos Estados Unidos para uma técnica destinada a aumentar o ponto G por meio de uma injeção de colágeno aplicada no interior da vagina. Aliás, em relação a esta, há procedimentos com fins claramente estéticos, como as diversas labioplastias. Segundo um artigo da *Folha de S.Paulo*, "nos EUA, são feitas mais de 1,5 milhão de cirurgias íntimas. No Reino Unido, 1,2 milhão. No Brasil, médicos apontam um crescimento de 50% nos últimos anos".[67] Com essas cirurgias, junto à tendência das depilações totais ou em forma de desenhos, a vagina passou a demandar cuidados cosméticos próximos àqueles há muito realizados no rosto, sujeitos às variações da moda e às aprovações estéticas, pessoais e alheias.[68] Em suma, a vagina também entrou na exigência de ser fotogênica.

Curiosamente, um artista plástico inglês chamado Jamie McCartney tirou moldes de gesso de 400 vaginas, dos mais diferentes tipos de mulheres. São dez painéis que ilustram a *diversidade vaginal* existente.

Beleza bombástica

Nos anos 1990, as imagens de jovens funkeiras, "tchutchucas", "purpurinadas" e "cachorras" reforçaram algumas tendências arraigadas na cultura popular, mas também a inovaram:

> Assim como os grupos de axé usaram o "tchan" de loiras e morenas para promover-se, a turma do funk encontrou nas popozudas

suas heroínas. As popozudas são as funkeiras típicas e seguem regras bem claras em seu visual. Usam tops justíssimos e calças ou microshorts mais apertados ainda, que deixam à vista a marquinha do biquíni. Seus umbigos com piercings estão sempre à mostra e os saltos altos complementam esse jeitão provocativo.[69]

Há certamente aspectos óbvios naquelas imagens, como a proximidade com a violência física e a transformação da mulher em objeto sexual masculino. Também há quem considere as funkeiras mulheres livres e ativas ou, ainda, o testemunho de que os pobres seriam arrojados e inventivos. Mas talvez existam tendências menos evidentes e mais fluidas do que essas duas.

A moda funk expressou uma parte dos desejos em alta nos bailes cariocas da categoria. Na década de 2000, a marca Gang estava entre as mais citadas nas reportagens sobre o assunto. Também havia a referência ao uso do *stretch* para modelar curvas e acentuar a sensualidade feminina, além dos diminutos *tops*, *shorts* e saias; já os rapazes podiam ser magrinhos, metidos em roupas largas, ou robustos e musculosos. Há um *hit* da funkeira conhecida por Tati Quebra Barraco intitulado "Sou feia mas tô na moda". Muitas escaparam largamente dos padrões de beleza que circulavam no mundo das *top models*, embora também valorizassem grandes marcas internacionais de roupas, adereços, tênis e cosméticos. Algumas se esmeraram em figurar como "popozudas" graças às cirurgias plásticas e ao implante de próteses de silicone, como a conhecida MC Maysa Abusada. Algumas seriam consideradas gordas para os padrões europeus ou mesmo dentro de alguns grupos sociais brasileiros.

As opiniões divergem: do grotesco ao criativo, passando pela admiração incontestável e chegando à crítica severa. Nos bailes funks, a sugestão ao sexo anal veicula a imagem de uma mulher sem limites, radical no corpo e na mente, preparada, portanto, para qualquer combate. Tal sugestão expressa a imagem de uma mulher que entende perfeitamente os desejos dos machos e fêmeas, sabe atendê-los, sem culpa ou embaraço. Segundo esse raciocínio, a funkeira seria a guerreira e a profissional do sexo, aquela que entende e se alegra com a realização, aqui e agora, do prazer.

REINO E RUÍNA DO CORPO

Mas essa expressão direta do imediatismo responde a uma impaciência masculina, real ou imaginada. Impaciência diante de prazeres que precisam ser duramente conquistados e perante corpos cuja sensualidade não é explícita e exigiria trabalho. Querer satisfazer-se rapidamente, "sem enrolação", mas com empolgação, é o que se imagina acerca dos homens que compram sexo. Mas é também o que se pretende quando mal há tempo para sobreviver ou quando não faz sentido "parar para pensar". Ora, a imagem da funkeira vem bem a calhar com uma vida levada sobre o fio da navalha, na qual o tempo, sendo dinheiro, parece drasticamente escasso. Se ela é acusada de rebolar de maneira escrachada, a visão de seu corpo parece avessa às interpretações psicológicas ou à vontade de desvendar um mistério. De modo oposto à imagem da *vamp*, aquela da funkeira não guarda consigo um profundo segredo, amarrado a um passado dramático, palmilhado pelo pecado. Ela pode rebolar igualmente à noite e à luz do sol, sem mistério para desvendar, pois ela não conta com a possibilidade de haver tempo para tanto. De certo modo, a funkeira é filha de uma existência apoiada sobre urgências, um tempo impaciente com as reflexões, uma vida cindida pelos famosos "dá ou desce", "agora ou nunca", expressões que indicam a impossibilidade de alongar um pensamento, tornando inútil quem quiser fazê-lo. Assim, ela se mostra dona e vítima da premência de viver o presente, sem nostalgia de um tempo que passou, sem esperança de criar um futuro novo. Se assim for, sua *performance* sexual dançada na balada deve coincidir totalmente com aquela realizada em privado. Seu corpo realizaria, portanto, uma junção entre o real e a representação, celebrando o fim de uma era de distinção entre o presente vivido e o futuro sonhado.

Mas essa rápida reflexão é apenas um dos aspectos expressos pelas imagens de funkeiras na mídia daqueles anos. Dentro de um baile funk, as configurações corporais possuem diferentes perfis, sem contar o quanto eles também mudaram ao sabor dos meios que a juventude inventou, ao longo dos anos, para se divertir e se afirmar. O desafio daqueles que estudam as manifestações culturais "populares" não é lhes dar visibilidade e voz, mas apresentar o objeto de pesquisa para além do consenso produzido em grande medida pela "fabricação midiática".[70]

Não muito distante da imagem da funkeira difundida pela mídia, as "garotas superpoderosas", conforme uma reportagem publicada na *Revista O Globo*, tornaram-se musas do carnaval carioca desde meados dos anos 2000.[71] O programa *Big Brother Brasil* contribuiu para a divulgação dos corpos turbinados ou bombados, mas a ascensão de uma nova classe média no país, ávida pelo consumo de marcas de luxo, e o acesso a uma hipersaúde – o que significa o desejo de adquirir um corpo 100% forte e seguro de si –, forneceram a *formatação* final para os corpos das novas "mulheres bombas". Utilizar o vocabulário bélico para as belas, em particular, dizer que elas são "um estouro" ou uma bomba, já era uma tendência em voga durante os primeiros anos da Guerra Fria. A "boazuda" tinha curvas corporais capazes de atordoar o juízo dos mais equilibrados rapazes. Mas não lhe era exigida a firmeza de músculos salientes. Agora, contudo, a turbinada refere-se à amplitude e à dureza muscular, obtida com muita "malhação", podendo incluir o uso de anabolizantes e a inclusão de próteses no corpo.[72] Segundo um texto da *Veja*, "no Carnaval de 2009, rainha de bateria que se preze" deveria ter pelo menos "um metro de quadris", seios "turbinados" e "nádegas que avançam como mísseis balísticos".[73] Os novos ícones de uma beleza bombada, contrastam violentamente com as musas do carnaval carioca das décadas anteriores. O texto compara as silhuetas das superpoderosas atuais com aquela de Luma de Oliveira, no Carnaval de 1990. A diferença é radical, pois há uma clara distância entre as épocas inscrita nos corpos: Luma era bem mais esguia, delicada e sem músculos aparentes quando comparada com suas sucessoras.

Fica a impressão de que as superpoderosas estariam preparadas para viver situações limites, em qualquer hora e lugar, como se elas estivessem de fato numa guerra. Se cada época cria ideais de beleza que expressam seus mais profundos receios e desejos, talvez as superpoderosas possam revelar muito do que é hoje uma parte da realidade brasileira. Seus corpos, como aqueles dos soldados e dos antigos gladiadores, resultam de muita disciplina em exercícios e treinos diários. Mas também é preciso seguir dietas

REINO E RUÍNA DO CORPO

especiais e, em vários casos, realizar cirurgias plásticas. Uma imbatível virilidade guerreira pode ser desse modo construída. Se a mulher bela já foi assimilada à flor, à gatinha e, recentemente, à fera, agora, esta última se armou, cresceu e alargou a musculatura. O termo "sarada" é também utilizado para indicar uma mulher popularmente chamada de bombada ou marombada, sugerindo um corpo que se curou de qualquer fraqueza ou moleza. Entretanto, é provável que essas aparências expressem um desejo que não pulsa apenas entre silicones e músculos, mas também dentro de inúmeros corpos brasileiros. Um desejo antigo, de superar a dificuldade de garantir a própria saúde, de escapar da vida por um fio e de conquistar, ao menos, a dignidade de um "seguro saúde seguro".

Há igualmente uma imensa necessidade de aumentar os níveis de satisfação consigo, tendência esta nacional e internacional, que favorece a promoção do próprio corpo a principal aliado, mas, ao mesmo tempo, no maior inimigo que alguém pode ter. Algumas das atuais belezas bombásticas concorrem para vencer na categoria de *wellness*. Depois do *fitness*, surgiu o *wellness*. Apareceu também a *miss* Bikini Wellness. Nesses meios, o lema do "mais pesado, mais força, mais massa" ganhou os contornos da sensualidade feminina.[74] Nessas circunstâncias, o corpo é visto menos como aquilo que se tem ou o que se é, para ser considerado um material carente de renovação constante, caso contrário, com prazo de validade vencido, ele corre o risco de estragar e ser descartado.

Há, ainda, outros modelos de beleza próximos ao da mulher sarada e ao da funkeira. No passado, havia um esforço para opor as imagens da burguesa refinada àquela da prostituta vulgar. Distinções dessa ordem foram bastante abaladas com o advento de novos ícones de beleza no final do último milênio. "A nova Eva" vive sob o triunfo internacional de uma estética sugestiva da vadiagem e do sexo pelo sexo.[75] Seus ícones internacionais, como Britney Spears e Paris Hilton, atraem fãs de várias partes do mundo. No Brasil, a imagem da "piriguete" era conhecida entre os baianos bem antes de ser explorada por novelas da Rede Globo. Um despojamento das atitudes associado à desenvoltura sexual

Uma nova paisagem da beleza feminina, associada amplamente à força muscular, tradicionalmente esperada dos homens.

Garotas superpoderosas

As musas que estão mudando a estética do carnaval contam como fazem para ter coxa de jogador de futebol e barriga de fisiculturista

realça esse universo popular. Embora as mulheres que assim se reconheçam tenham em geral menos de 30 anos, a construção da beleza sonhada passa não apenas por acessórios, cosméticos e roupas de marcas célebres, mas também por cirurgias plásticas.

Empresários da própria aparência

Desde a década de 1980, melhorar a aparência ganhou um aspecto claramente empresarial nos conselhos de beleza, na publicidade de cosméticos, alimentos e produtos para a boa forma: era necessário identificar as *oportunidades* para otimizar a *performance* física, conceber o corpo como um ente carente de investimentos e, ao mesmo tempo, um campo muito propício para realizá-los. No limite, o olhar sobre o corpo assemelhou-se a procurar seus desgastes ainda não reparados ou o seu prazo de validade ainda não vencido; como se o corpo fosse uma lata de ervilhas.

Sob essas condições, os apelos em prol do embelezamento conquistaram definitivamente os homens. Os anúncios dos primeiros hidratantes para a pele masculina ainda se limitavam a prometer a melhoria da aparência cansada, enquanto a propaganda de perfumes valorizava o lado selvagem dos verdadeiros machos. A partir da década de 1980, esse cenário mudou. Muitos senhores foram conquistados pelas grandes marcas de cosméticos que investiram em linhas de produtos exclusivos para eles, como a Clinique, a Guerlain, a Biotherm e a Nivea. Os varões deixariam de ter unicamente uma *cara* habituada à navalha para assumirem, assim como as mulheres, um *rosto* sensível aos cremes de limpeza, tônicos e protetores. Se as loções após barba já eram vendidas na década de 1960, agora, jovens e idosos foram chamados a consumir produtos antirrugas. No Brasil, em 1984, quando a Natura lançou um creme especial para homens, várias clínicas estéticas passaram a atendê-los. Dez anos mais tarde, foi inventado o termo "metrossexual" pelo colunista inglês Mark Simpson. A marca Dolce & Gabbana teria inspirado o estilo dos novos Narcisos. Em 2003, uma das capas da revista *Veja* anunciou o nascimento de um "novo homem". Nela, era mostrado que o metrossexual podia misturar o uso de esmalte com virilidade.[76] Tal criatura conquistava mulheres belíssimas, entendia de cozinha, de moda e, ainda, sabia ganhar dinheiro. No ano seguinte, a mesma revista anunciou, sob o título "Depilação e brilhantes", o que era um metrossexual.[77] O jogador inglês David Beckham dava o exemplo. No jogo amistoso da seleção inglesa contra a de Portugal, ele apareceu com as sobrancelhas depiladas e brinco de brilhantes. Beckham foi inúmeras vezes fotografado ostentando cuidados com o corpo até então mais afeitos às mulheres e aos homossexuais. Em 2002, ele foi eleito o homem mais *sexy* da Inglaterra.

Outros esportistas também se destacaram segundo o mesmo estilo, além de empresários e artistas. O jornal *Folha de S.Paulo* publicou um artigo intitulado "Brasil também tem metrossexual". Tratava-se do empresário Alvaro Garnero, adepto do uso de xampus Kérastase e cremes hidratantes para a pele.[78] A seguir, começou a ser publicada a versão brasileira da revista americana *Men's Health*, criada em 1987. Segundo a reportagem "Barba, cabelo e botox", fabricar a beleza diária "no escurinho dos consultórios" também atingia os homens, embora muitos ainda se envergonhassem de recorrer a tais serviços.[79] Hoje, jogadores de futebol, como o português Cristiano Ronaldo, figuram como modelos de beleza viris e ao mesmo tempo adeptos de depilações, uso de *gloss* nos lábios, entre muitos outros produtos e serviços anteriormente vistos como coisas de mulher.

Além dos homens, outro exemplo sobre a ampliação do consumo de produtos de beleza é formado pelas mulheres *plus size*. Para um significativo público masculino, as cheias não são feias. Dividem-se em diversas categorias: cheinhas, gordinhas, gordas ou em estrelas GG e beldades *plus size*. Algumas novelas da Rede Globo contribuíram para torná-las famosas, assim como blogs e sites. Os movimentos sociais em prol da aceitação sem preconceitos da *diversidade corporal* também favoreceram o valor de uma beleza mais redonda do que longilínea.

No Brasil, o sucesso das cheias de corpo deveu-se, em parte, à recente ascensão das classes C e D. A antiga imagem de que gordura é formosura, charme, generosidade e, sobretudo, alegria foi renovada. Em sites e blogs sobre o assunto, os gorduchos parecem mais divertidos e menos tensos do que os magricelas. Como se estivessem naturalmente à vontade com a vida. As gordas sugerem uma lida pouco complicada com os problemas cotidianos, como se elas os despachassem para longe, com maior graça e folga do que as magras. Contudo, a colocação de uma lente de análise para verificar cada caso joga nuances e distinções importantes na positividade conquistada pelos mais pesados em algumas mídias. Milhares de cirurgias para a redução do estômago situam-se na interface entre saúde e beleza. Em paralelo, o mercado da beleza gorda tornou-se cada vez mais concorrencial. Por exemplo, a modelo *plus size* Fluvia Lacerda ficou conhecida por divulgar uma beleza que não falava em nome de regimes para emagrecer. No entanto, é preciso cuidar da pele, dos cabelos e realizar certa distribuição julgada socialmente harmoniosa do peso entre as várias partes do corpo. Mesmo uma famosa campanha da Dove, lançada em favor da "beleza real", provocou o comentário de que as gordinhas mostradas não apareciam com celulite.[80]

Evidentemente, os tamanhos de roupas entre 48 e 56 começaram a ganhar mais espaço em algumas lojas que antes não vendiam tamanhos além do 46. A tendência é mundial, e manequins como a americana Tara Lynn, considerada *plus size*, conquistaram uma importância crescente. No Brasil, a cantora Preta Gil tornou-se garota propaganda da C&A nacional, que, por sua vez, lançou uma coleção *plus size*. Em 2011, surgiu no Brasil o primeiro concurso "Miss Plus Size Mulheres Reais", priorizando a beleza GG. Já os avanços no campo da indústria da moda para os homens gordos parecem mais lentos do que para as gordas. Há, contudo, novidades em curso; prova disso é a recente entrada do *plus size* masculino nas semanas de moda nacionais.

Resta, ainda, que a construção diária e empresarial da beleza não excluiu os transexuais. Ao contrário. Suas histórias de vida passam por doses significativas de produtos e serviços de beleza. Exemplar a esse respeito foi o célebre caso da francesa Coccinelle, nascida em 1931, com o nome de Jacques Dufresnoy. Desde muito jovem, Jacques encontrou satisfação em se maquiar. Mais tarde, iniciou o consumo de medicamentos e a sua transformação em Coccinelle. Também houve cirurgias plásticas, momentos de glória e casamentos com homens.[81]

No Brasil, depois do sucesso de Rogéria, foi a vez de Roberta Close, vedete do carnaval carioca, capa da *Playboy* nacional, musa de diversos programas de televisão. Na década de 1980, ela era uma imagem polêmica e famosa. Sua presença mostrava a milhares de brasileiros o quanto a conquista de uma bela aparência poderia passar por cima de barreiras até então julgadas instransponíveis. Fica a impressão de que a beleza construída se afirmou, principalmente no Brasil, como um passaporte de Primeiro Mundo, com o qual se poderia, finalmente, transpor fronteiras (econômicas, culturais e de gênero), sem problemas e sem remorsos.

Mas uma parte dos investimentos feitos em favor da beleza não funciona ou funciona mal. As relações entre expansão da anorexia e culto à magreza formam um aspecto dessa história repleta de outros problemas, como os acidentes cirúrgicos, o uso de cosméticos inócuos ou a prescrição errônea de exercícios físicos. Em vez de serem o espaço da feiura contemporânea, as aparências "que não deram certo" tendem a ser vistas como pobres e carentes de bons investimentos. No limite, elas são consideradas "coisa de gente ignorante". Se assim for, uma antiga e preconceituosa suspeita que acusava a mulher bela de ser burra tende doravante a ser invertida.

Roberta Close fez sucesso numa época de expansão acelerada dos recursos de beleza e de transformação do corpo.

5

Este livro teve início com as projeções para o futuro do Brasil feitas por um cronista que vivia no Rio de Janeiro em 1900.

Espiar o tempo

Agora, no final, vale lembrar de outra projeção para o futuro, publicada em 2009, pela empresa L'Oréal.[1] Nela imagina-se um tempo de maior durabilidade do corpo humano e a possibilidade de redesenhá-lo graças aos recursos oriundos da biotecnologia. Nas décadas vindouras, existiriam concursos de beleza para os centenários e cada um poderia mais livremente do que hoje *bricolar* a aparência, rejuvenescer com menos riscos e mais assiduidade.

Essa projeção é bem diferente daquela mencionada por Urbano Duarte em 1900. Ambas, obviamente, revelam mais sobre suas respectivas épocas do que sobre a realidade futura. Mas há um século de história entre elas, atravessado por um aumento espetacular dos recursos destinados a embelezar o corpo. Vale destacar algumas diferenças entre as duas:

Os modelos de beleza existentes no livro da L'Oréal não se limitam mais à burguesia parisiense, mesmo porque essa é hoje muito distinta do que era em 1900. Ademais, na ficção antiga, as preocupações com o espaço urbano ocupavam o centro da narrativa. Já a projeção de 2009 concedeu grande atenção à beleza do corpo individual. Ela reflete a seguinte tendência que se afirmou ao longo do último século: o tema da beleza corporal tornou-se objeto de publicações específicas, atraindo não apenas escritores e cronistas, mas também antropólogos, sociólogos, historiadores e psicólogos de diferentes cidades e países.

A projeção da L'Oréal, publicada em 2009, é bastante sedutora. Primeiro porque o texto sugere aquilo que hoje se tornou um grande valor: o aumento da liberdade individual para modificar o corpo de acordo com os gostos pessoais e os progressos disponíveis. Ela atrai porque fala em nome da extensão da existência humana para além dos cem anos e anuncia uma velhice jovem, assim como uma juventude que, no lugar de ser a primavera da vida, seria, ela própria, toda a vida. Aliás, a alusão à primavera pertence a um tempo no qual a natureza ainda era a grande referência aos humanos e, por isso, era com ela que muita gente brigava ou se aliava. Ora, na época contemporânea, esse campo agonístico mudou, tornou-se repleto de máquinas, alimentos-cosméticos e, ainda, não humanos com aparências e modos de funcionamento cada vez mais humanizados.

Em suma, é provável que os contemporâneos daquele cronista de 1900 não percebessem muito bem a importância adquirida pelo corpo neste começo de milênio. De lá para cá, a busca da beleza atravessou as roupas de marca francesa – ou as imitações feitas pelas costureiras locais – alcançou a pele e os pelos de ambos os sexos, atingiu jovens e idosos, penetrou o interior de cada organismo e virou sinônimo não apenas de procura por felicidade amorosa e saúde, mas também de um investimento em favor do bem-estar individual e do sucesso. Em várias partes do mundo, os apelos para rejuvenescer e embelezar adquiriram um extraordinário peso social e econômico e, por isso, o desassossego não poderia deixar de ser permanente: mesmo quando se está doente, é bom não descuidar da aparência; mesmo quando se é jovem, sinais da decrepitude parecem estar à espreita. O antigo medo de envelhecer continua atual, mais incontornável talvez agora, quando a expectativa de vida é maior e aquela dos prazeres corporais não cessa de aumentar. As cirurgias plásticas deixaram de ser consideradas o "último recurso". Tudo se passa como se envelhecer fosse facultativo e o embelezamento medicalmente assistido algo natural, embora custoso e, portanto, nem sempre acessível à maioria.

Ou seja, existem diferenças econômicas gritantes no Brasil e no mundo que acabam com as ilusões sobre uma suposta repartição igualitária dos recursos embelezadores. Por isso, seria mais correto pensar que a população se divide hoje em "classes estéticas", de primeira, de segunda e de terceira. Para todas elas, a publicidade continua, contudo, muito reluzente na proclamação do direito à beleza.

Chegou-se, portanto, a uma época na qual a lendária pergunta feita ao espelho, "quem é mais bela do que eu?", não sai apenas da boca de uma madrasta malvada. Uma multidão de homens e mulheres, bons e maus, querem hoje ver seus corpos em espelhos e, também, em fotografias, filmes e, mais recentemente, em vídeos. Criou-se, portanto, uma densidade inusitada à presença do próprio corpo, o que estimulou o desejo de transformar todas as suas partes em imagens fotogênicas, das vaginas às arcadas dentárias.

Desse modo, não basta mais prevenir ou remediar. Hoje o embelezamento precisa de maiores garantias, daí a tendência em substituir a prevenção pela *imunização*. Tenta-se, embora seja difícil, imunizar o corpo contra rugas, flacidez e outros signos do envelhecimento. Para a madrasta má, o espelho mentia ou revelava. Mas para muitos homens e mulheres deste começo de milênio, houve uma intensa interiorização do que é visto a cada dia sobre si mesmo. A solene pergunta – quem é mais bela do que eu? – foi substituída por comezinhas dúvidas sobre como melhorar diariamente a própria aparência, sendo jovem ou velho. A beleza é cobrada também dos bebês, chegando a avançar rumo à estética de cães e gatos.

Além disso, os espelhos, interiorizados ao longo dos últimos anos, diferentes daquele da malvada, nem sempre funcionam unicamente opondo a beleza à feiura, a verdade à mentira. E, mesmo se o fizessem, o que se espera atualmente é ver em seu reflexo bem mais do que o invólucro da essência vital. Pois, conforme este livro mostrou, o último século foi uma época bastante propícia para transformar a aparência física na principal prova da subjetividade humana. Ou seja, o corpo transformou-se em algo tão importante, complexo e sensível quanto outrora fora a alma. Não por acaso, é sobretudo em nome de seu peso e volume que inúmeros *regimes* são adotados, talvez com maior frequência e rigor do que, no passado, eram realizados *jejuns* para salvar a alma.

Dessa maneira, se o corpo é hoje mais do que a morada da alma, ver-se diante do espelho e embelezar-se são experiências atravessadas por inquietações graves, ansiedades dilacerantes e, ao mesmo tempo, por expectativas revolucionárias em torno da sexualidade, da saúde e do sucesso profissional. Houve um ganho inusitado de liberdades para adular e modificar o corpo, cultuá-lo e explorá-lo, esperar dele níveis insuperáveis de prazer. Mas como ele é mutável e mortal, está no tempo e condensa dentro de si a memória das experiências vividas, nada em sua forma é permanente e totalmente submisso ao controle. É justamente por isso, enfim, que a imagem construída por cada um de seu próprio corpo teve poucas vezes, como agora, a oportunidade de ser tão densa e profunda; mas, também, tão incerta e efêmera.

p. 20	Revista *Votre beauté*, publicação mensal, Paris, n. 172, nov. 1949, p. 30.
p. 26	Almanaque *Eu sei tudo*, n. 6, nov. 1920, p. 17.
p. 31	Revista *Fon-Fon*, p. 47.
p. 34	*A província de São Paulo*, 10 out. 1878, p. 3.
p. 35	*Revista da Semana*, n. 46, 25 dez. 1915.
p. 37	Revista *Fon-Fon*, n. 35, 7 dez. 1907.
p. 40	Revista *Careta*, 3 jan. 1925.
p. 46	*O Cruzeiro*, 18 set. 1961, p. 49.
p. 57	*Capricho*, n. 44, out. 1955.
p. 68	Zaida Ben-Yusuf (Library of Congress) c. 1902.
p. 69	Revista *Querida*, n. 61, 2ª quinzena, maio 1955, p. 53.
p. 71	Almanaque *Eu sei tudo*, número especial, ago. 1920, quarta capa.
p. 85	Revista *Seleções do Reader's Digest*, fev. 1953, p. 103.
p. 86	Almanaque *Eu sei tudo*, n. 1, jun. 1920. p. 127.

Créditos das imagens

p. 89	Revista *Querida*, n. 185, fev. 1962, p. 41.
p. 91	*O Cruzeiro*, 23 abr. 1955, quarta capa.
p. 94	Capa de Bruno Tausz do livro de Aracoeli G. Pinheiro, *Conselhos à minha filha*, Editora Bruno Buccini, s/d.
p. 95	Revista *Seleções do Reader's Digest*, fev. 1953, p. 8.
p. 117	*Querida*, n. 317, maio 1967, quarta capa.
p. 126	Divulgação.
p. 130	Revista *Querida*, n. 235, mar. 1964, capa.
p. 136	Revista *Nova*, n. 103, abr. 1982, p. 29.
p. 137	Revista *Pop*, n. 52, fev. 1977, capa.
p. 142	Revista *Nova*, nov. 1975, p. 14.
p. 144	Revista *Pop*, n. 65, mar. 1976.
p. 155	Revista *Claudia*, n. 286, jul. 1985, p. 27.
p. 160	Revista *Nova*, n. 150, mar. 1986, p. 21.
p. 180	*Revista O Globo*, n. 345, 6 mar. 2011, capa.
p. 185	Revista *Fatos e Fotos*, n. 1191, 25 jun. 1984, capa.

Notas

INTRODUÇÃO

1 Urbano Duarte, "Anno dois mil", em *Revista da Semana*, 20 maio 1900, p. 7.

2 *Revista da Semana*, 27 maio 1900, p. 15.

1. ARTIFÍCIOS PARA A FORMOSURA

1 Catherine Sauvat, *Les objets de beauté*, Paris, Chêne/Hachette, 2003, pp. 42 e 56.

2 Dorothy S. Faux et al., *Beleza do século*, trad. Paulo Neves, São Paulo, Cosac & Naify, 2000, p. 98.

3 Em São Paulo, as *Atas da Câmara* denominavam esses profissionais pelo título de "alfaiates penteeiros". Ernani Silva Bruno, *História e tradições da cidade de São Paulo*, São Paulo, Hucitec, 1991, v. 1, p. 298.

4 *Fon-Fon*, 25 jan. 1908, p. 23.

5 "Vida Prática", em *A Bomba*, n.1, 12 jun. 1913, p. 21.

6 Luiz Edmundo, *O Rio de Janeiro do meu tempo*, Rio de Janeiro, Imprensa Nacional, 1938, v. 1, pp. 77-8.

7 Sobre tais modismos, ver o livro de Mariana Christina de F. T. Rodrigues, *Mancebos e mocinhas: moda da literatura brasileira do século XIX*, São Paulo, Estação das Letras e Cores, 2010.

8 Décio Renault, *Rio de Janeiro: a vida da cidade refletida nos jornais (1850-1870)*, Rio de Janeiro, Civilização Brasileira, 1978, p. 312.

9 Maria Beatriz Nizza da Silva, *Cultura e sociedade no Rio de Janeiro (1808-1821)*, 2. ed., São Paulo, Nacional, 1978, pp. 32-5.

10 "Esaú e Jacó", em Machado de Assis, *Obra completa*, Rio de Janeiro, Nova Aguilar, 1996, v. 1, p. 1020.

11 Artigos encontrados na Casa do Elephante. *Diário Popular*, 2 jul. 1885, p. 3.

12 *Diário Popular*, 23 dez. 1884, p. 2.

13 Raimundo de Menezes, *São Paulo dos nossos avós*, São Paulo, Saraiva, 1969, p. 24.

14 Solicitação para obter licença para o estabelecimento de uma "casa com cabelleireiro e perfumarias no Largo da Sé". *Papéis avulsos do Arquivo do município de São Paulo*, folha 74, 31 jul. 1882.

15 *Diário Popular*, 10 ago. 1870, p. 4.

16 Por exemplo, o "Leilão sumptuoso", em *Diário Popular*, 1º jul. 1885, p. 3.

17 Raimundo de Menezes, op. cit., p. 23.

18 Michelle Perrot, "Introduction", em M. Perrot e G. Duby (dir.), *Historie de la vie privée*, Paris, Seuil, 1987, v. 4, p. 10.

19 *Correio Paulistano*, 27 nov. 1879, p. 2.

20 *Correio Paulistano*, 11 jun. 1881, p. 2.

21 *Correio Paulistano*, 24 dez. 1881, p. 4.

22 José de Alencar, "Moedeiros falsos e falsificadores da mulher", em *Crônicas escolhidas*, São Paulo, Ática/Folha de S.Paulo, 1995, p. 56.

23 *Diário Popular*, 30 mar. 1889, p. 2.

24 Gilberto Freyre, *Ordem e progresso*, 3. ed., Rio de Janeiro, José Olympio, 1974, t. 1, p. CXXXII.

25 *O Rio Nu*, 23 set. 1899, p. 1.

26 Ver, por exemplo, *O Paiz*, 3 jan. 1900, p. 3.

27 Sobre a moda e a passagem de uma sociedade rural, em que as roupas são simples, para uma sociedade urbana, na qual o poder do proprietário rural deve ser dividido

NOTAS

com os comerciantes, industriais e bacharéis, ver Gilda de Mello Souza, *O espírito das roupas*, São Paulo, Companhia das Letras, 1987, pp. 124-5.

28 *Correio Paulistano*, 16 jun. 1892, p. 1.

29 *Correio Paulistano*, 26 jun. 1879, p. 2.

30 Richard Grahan, *Grã-Bretanha e o início da modernização no Brasil, 1850-1914*, São Paulo, Brasiliense, 1973, p. 119.

31 Em 1826, a capital carioca se tornou a primeira cidade brasileira com serviços de esgoto e drenagem, realizados pela Rio de Janeiro City Improvements Company Ltd. A iluminação pública foi introduzida nessa cidade no dia 25 de março de 1854, com as obras do Barão de Mauá. Desde 1876, existiam companhias de proprietários ingleses no país para fornecer gás a diversas cidades, entre elas, o Rio de Janeiro. Ver Jayme L. Benchimol, "A modernização do Rio de Janeiro", em Giovanna R. Del Brenna (org.), *O Rio de Janeiro de Pereira Passos: uma cidade em questão II*, Rio de Janeiro, Solar Grandjean de Montigny/PUC, 1985, pp. 599-612.

32 Denise Bernuzzi de Sant'Anna, *Cidade das águas: usos de rios, córregos, bicas e chafarizes em São Paulo (1822-1901)*, São Paulo, Senac, 2007, pp. 119-37.

33 João do Rio, *A alma encantadora das ruas*, Rio de Janeiro, Organização Simões, 1951, pp. 48-9.

34 *Fon-Fon*, 4 jan. 1913, p. 66.

35 Luiz Edmundo, *O Rio de Janeiro do meu tempo*, Rio de Janeiro, Imprensa Nacional, 1938, v. I, p. 82.

36 Guimarães Cova, *A esposa: livro doutrinario e moralista, para as noivas e mães de família*, Salvador, Typ. Bahiana, 1911, p. 11.

37 *A Notícia*, 21 out. 1914, p. 5.

38 *Revista da Semana, edição semanal illustrada do Jornal do Brasil*, 22 jan. 1905, p. 9.

39 *Fon-Fon*, 19 jul. 1924, p. 88.

40 Mariana dos Santos Mello, *A evolução dos tratamentos capilares para ondulações e alisamentos permanentes*, Faculdade de Farmácia, TCC, Porto Alegre, UFRGS, 2010, p. 7, mimeo.

41 Raquel Discini de Campos, *Mulheres e crianças na imprensa paulista (1920-1940)*, São Paulo, Unesp, 2009, pp. 146-7.

42 *Fon-Fon*, 16 out. 1909, p. 33.

43 "Entre marido e mulher", em *Fon-Fon*, 27 fev. 1909, p. 18.

44 C. de Mello-Leitão, *O Brasil visto pelos ingleses*, São Paulo, Nacional, 1937, p. 134.

45 João do Rio, por exemplo, tratou certos produtos de beleza pelo termo *remédio*, confirmando a predominância das tendências farmacêuticas e médicas no cuidado com a aparência. Ele também se referiu às "pomadas maravilhosas" para vários fins, aos remédios para obter cintura fina e uma "tez fresca". João do Rio, *A profissão de Jacques Pedreira*, Rio de Janeiro/Paris, H. Garnier, 1911, São Paulo, Scipione, 1992, p. 76.

46 Nelson Varon Cadena, *Brasil, 100 anos de propaganda*, São Paulo, Referência, 2001, p. 27.

47 Idem, p. 22.

48 Idem, p. 39.

49 Luís Soares Camargo, *Viver e morrer em São Paulo: a vida, as doenças e a morte na cidade do século XIX*, tese de doutorado, São Paulo, PUC-SP, 2008, pp. 145-6. Ver, também, *Fon-Fon*, n. 15, 14 abr. 1917; e n. 5, 4 fev. 1922.

50 *A Província de São Paulo*, 10 out. 1878, p. 3.

51 Ver, por exemplo, *O Malho*, ano II, n. 16, 3 jan. 1903.

52 José Gomes Temporão, *A propaganda de medicamentos e o mito da saúde*, Rio de Janeiro, Graal, 1986, p. 37. Sobre os anúncios e sua história, ver Ricardo Ramos, *Do reclame à comunicação*, São Paulo, Atual, 1985; Eduardo Bueno e Paula Taitelbaum, *Vendendo saúde: a história da propaganda de medicamentos no Brasil*, Brasília, Anvisa, 2008.

53 *O Malho*, n. 1, 20 set. 1902.

54 Por exemplo: "Morte ou loucura, veja como evitar", anúncio para o remédio Dynamogenol, em *Revista da Semana*, n. 24, 21 jul. 1917; e anúncio do Pipératol, em *Revista da Semana*, n. 46, 25 dez. 1915.

55 *Fon-Fon*, n. 40, 2 out. 1937.

56 *Fon-Fon*, n. 51, 28 mar. 1908.

57 Sobre vários cuidados com o corpo nessa época, ver Eline Pereira de Souza, *Cuidados de si, higiene e estética em tempos republicanos (1889-1930)*, dissertação de mestrado, São Paulo, USP, 2011.

58 Essa tendência está ainda presente em anúncios da década de 1930. O dentifrício Gessy, por exemplo, "combate os resíduos de alimentos nos interstícios dos dentes", em *Fon-Fon*, 13 maio 1933, p. 17.

59 Hésio Cordeiro, *A indústria da saúde no Brasil*, 2. ed., Rio de Janeiro, Graal, 1985, pp. 193-4. Na década de 1970, as vendas sem receita médica atingiram cerca de 85% da atividade das farmácias brasileiras. Adrejus Korolkovas, "Indústria farmacêutica no Brasil. Problemas e soluções", em *CPI da Indústria Farmacêutica*, Brasília, 1979, apud C. Barroso, *A saúde da mulher*, São Paulo, Nobel, 1985, p. 27.

60 *Fon-Fon*, n. 31, 9 nov. 1907; n. 36, 8 set. 1907; n. 38, 28 dez. 1907 e n. 35, 7 dez. 1907.

61 Denise Bernuzzi de Sant'Anna, "O receio dos trabalhos perdidos: corpo e cidade", em *Projeto História*, n. 13, São Paulo, PUC/EDUC, 1996, pp. 121-8.

62 *Revista Feminina*, n. 54, 1918, p. 37.

63 *Revista da Semana*, 11 mar. 1922, p. 31.

64 Victor Andrade de Melo, "Mulheres em movimento: a presença feminina nos primórdios do esporte na cidade do Rio de Janeiro (até 1910)", em *Revista Brasileira de História*, São Paulo, v. 27, n. 54, 2007, pp. 127-52.

65 Nicanor Miranda, "O esporte ideal para a mulher", em *Revista do Arquivo Municipal*, São Paulo, Arquivo Municipal, out./dez. 1960, p. 153.

66 "Correspondencia de Mme. Beauté", em *Jornal do Comércio*, 29 ago. 1926, p. 6.

67 "Roupa branca", em *Vida Doméstica*, n. 110, maio 1927.

68 *Jornal do Comércio*, 21 ago. 1926, p. 7.

69 *Revista da Semana*, n. 41, 8 out. 1921 e n. 45, 5 nov. 1921.

70 *Careta*, 3 jan. 1925, p. 3.

71 Tendência encontrada em outros países, ver, por exemplo, Geneviève Delaisi de Parseval e Suzanne Lallemand, *L'Art d'accommoder les bébés*, Paris, Seuil, 1980.

72 Ver Mirian Goldenberg, *Toda mulher é meio Leila Diniz*, 2. ed., Rio de Janeiro, Record, 1996.

73 Roberta Brandi Pfrimer, *Fabricação da gravidez célebre*, dissertação de mestrado em Psicologia Clínica, São Paulo, PUC-SP, 2014, mimeo.

74 A. Austregésilo, *Perfil da mulher brasileira: esboço acerca do feminismo no Brasil*, Rio de Janeiro, Francisco Alves, 1923, p. 94.

75 Zélia Gattai, *Anarquistas graças a Deus*, 11. ed., Rio de Janeiro, Record, 1986, p. 45.

76 Mme. Drakopottine, *Tudo que as meninas solteiras e senhoras casadas devem saber*, Lisboa, Biblioteca de Livros Uteis e Scientificos, 1928.

77 José de Alencar, *Diva*, São Paulo, Martin Claret, 2010.

78 *Fon-Fon*, 30 dez. 1911.

79 *O Paiz*, 5 dez. 1921, p. 2.

80 "A juventude da mulher", em *Eu sei tudo*, n. 2, jul. 1920, p. 61.

81 *Fon-Fon*, 21 jan. 1911.

82 *Careta*, 15 jun. 1940, p. 12.

83 *Fon-Fon*, 11 dez. 1926, p. 64.

84 *Careta*, 12 mar. 1938, p. 11.

85 Propaganda do creme Pond's, em *Querida*, n. 130, abr. 1958.

86 "As moças de hoje", em *Eu sei tudo*, n. 2, jul. 1920, p. 9.

87 "A moda", em *Eu sei tudo*, n. 32, jan. 1920, p. 71; "A loucura da moda", em *Eu sei tudo*, n. 7, dez. 1920, p. 23.

88 Sobre o universo da prostituição em São Paulo, ver Margareth Rago, *Os prazeres da noite, prostituição e códigos da sexualidade feminina em São Paulo (1890-1930)*, São Paulo, Paz e Terra, 1991.

89   *Careta*, 4 jan. 1930.

90   *Revista da Semana*, 4 jan. 1930, p. 44.

91   Ver <http://baby-bangs.com/gallery.php>. Acesso em: 17 mar. 2014.

92   Em Paris, por exemplo, a palavra *publicidade* começou a ser utilizada a partir de 1920. Geneviève Cornu, *Sémiologie de l'image dans la publicité*, Paris, Organisation, 1991, p. 41. Em São Paulo, em 1913, foi criada a primeira agência de propaganda e, no ano seguinte, ela teve o nome de "A Eclética". Em 1918, uma filial sua foi aberta no Rio de Janeiro.

93   Francisco Teixeira Orlandi, "Alguns subsídios para a história da propaganda no Brasil", em *Propaganda*, set. 1967, pp. 16-7; ver, também, os clássicos: Ricardo Ramos, *op. cit.*, pp. 24-26; e Juarez Bahia, *Jornal, história e técnica*, Rio de Janeiro, Mauad, 1989.

94   Gisele Bischoff Gellacic, *Bonecas da moda: um estudo do corpo através da moda e da beleza – Revista Feminina, 1915-1936*, dissertação de mestrado, São Paulo, PUC-SP, pp. 50-1. Sobre as modas e as referências aos padrões de beleza na imprensa feminina, ver Dulcilia S. Buitoni, *Mulher de papel: a representação da mulher pela imprensa feminina brasileira*, São Paulo, Summus, 2009.

95   Carmo Chagas, *Niasi, a vida do homem que realçou a beleza da mulher no Brasil*, São Paulo, Melhoramentos, 1998, p. 35.

96   A esse respeito, ver Zuleika Alvim e Solange Peirão, *Mappin setenta anos*, São Paulo, Ex Libris, 1985.

97   Idem, p. 30; ver, também, *Catálogo Geral do Mappin*, 1919, Mappin Store, sociedade anonima inglesa.

98   *Jornal do Comércio*, 23 abr. de 1927, p. 9.

99   Maria Claudia Bonadio, *Moda e sociabilidade, mulheres e consumo na São Paulo dos anos 1920*, São Paulo, Senac, 2007, pp. 105-7.

100   "Os pioneiros, Phebo, uma história ousada", em *Exame*, n. 81, jun. 1974, p. 52.

101   "No reino da Avon, Factor, Lopes e Bozzano", em *Anuário Banas*, 4. ed., Banas S/A, Pesquisas Econômicas, 1963, p. 127.

102   "Uma outra Rodhia?", em *Exame*, ago. 1972, p. 72.

103   *Revista da Semana*, 8 out. 1921.

104   "O sorriso e a Belleza", anúncio do dentifrício Odorans, em *A Cigarra*, n. 38, maio 1937, p. 123.

105   Ilustração do anúncio de Magnésia Bisurada, em *A Cigarra*, n. 38, maio 1937, p. 142.

106   Ver, por exemplo, *Fon-Fon*, n. 35, 7 set. 1907 e *Revista da Semana*, n. 11, 12 mar. 1921. Ver anexos 8-9.

107   *Revista da Semana*, n. 45, 18 dez. 1915.

108   Luiz Edmundo, op. cit., p. 854.

109   Durval M. Albuquerque Junior, *Nordestino: invenção do falo – uma história do gênero masculino (1920-1940)*, Maceió, Catavento, 2003, p. 31 (reeditado pela editora paulista Intermeios em 2013).

110   Jorge Americano, *São Paulo nesse tempo (1915-1935)*, São Paulo, Melhoramentos, 1962, p. 119.

111   Idem, p. 184

112   Idem, ibidem.

113   Molly Haskell, *La femme à l'écran, de Garbo à Jane Fonda*, trad. Beatrix Vernet, Paris, Seghers, 1977, p. 44.

114   Richard Morse, *Formação histórica de São Paulo*, São Paulo, Difusão Europeia do Livro, 1970, p. 278.

115   David Akerman, *Batons: contribuição ao estudo de formulação em cosméticos*, tese de doutorado, Faculdade de Ciências Farmacêuticas, São Paulo, USP, 1972, p. 3.

116   Washington L. Araújo, "Max Factor: viagem ao mundo do estrelato em 80 anos", em *Aerosol e Cosméticos*, jul./ago. 1989, pp. 8-10.

117   Hermes Fontes, "Agua da beleza...", em *Fon-Fon*, 23 de agosto de 1924, p. 27.

118   "It is that quality possessed by some which drawn all others with its magnetic force. With 'it' you win all men if you are a woman – and all women if you are a man. 'It'

119 "A beleza feminina", em *Eu sei tudo*, n. 1, jun. 1920, p. 94.

120 Antonio Austregésilo, *Perfil da mulher brasileira: esboço acerca do feminismo no Brasil*, Rio de Janeiro, Francisco Alves, 1924, p. 81.

121 Um estudo mais detalhado dos textos de Irajá integrou nosso doutorado, *La recherche de la beauté, une contribution à l'histoire des pratiques et des representations de l'embellissement féminine au Brésil – 1900 à 1980*, Paris, Université de Paris VII, 1994, v. 2, pp. 157-67.

122 Hernani de Irajá, *Sexualidade e amor*, 2. ed., Rio de Janeiro, Livraria Freitas Bastos, 1932, pp. 16-7.

123 Tendência observada também por Véronique Nahoum-Grappe, "La belle femme", em M. Perrot e G. Duby, *Histoire des femmes*, Paris, Plon, 1991, v. 3, p. 99.

124 Essas diferenças foram explicadas com mais detalhes em nosso doutorado, *La recherche de la beauté*, op. cit., primeira parte, v. 1.

125 Hernani de Irajá, *Sexualidade e amor*, op. cit., pp. 16-7.

126 Jorge Amado, *Teresa Batista cansada de guerra*, São Paulo, Martins, s/d., p. 130.

127 Hernani de Irajá, *Morphologia da mulher: a plástica feminina no Brasil*, 3. ed., Rio de Janeiro, Freitas Bastos, 1933, p. 194.

128 A respeito das pretensões da Educação Física no Brasil, assim como suas inspirações europeias, ver Carmen Lúcia Soares, *Educação Física: raízes europeias e Brasil*, Campinas, Autores Associados, 1994.

129 A. Austregésilo, op. cit., p. 83

130 A. Peixoto, op. cit., p. 426.

131 Humberto Gusmão, *Porque as mulheres envelhecem*, São Paulo, Oficinas José Magalhães, 1938, p. 12.

132 A cosmética implicava a arte de adornar e ornar ao mesmo tempo. Michel Serres, *Les cinq sens: philosophie des corps mêlés – 1*, Paris, Bernard Grasset, 1985, p. 30.

133 Menotti Del Picchia, *A mulher que pecou*, São Paulo, Martins, 1958, pp. 199-200.

134 Margarida Max lançou no Teatro Recreio uma música cuja letra dizia: "cabeleira *à la garçonne*, usá-la hoje é preciso. Mais cabeça que cabelo e mais cabelo que juízo." Mário Lago, *Na rolança do tempo*, 4. ed., Rio de Janeiro, Civilização Brasileira, 1979, p. 67.

135 Rachel de Queiroz, *As Três Marias*, São Paulo, Abril Cultural, 1982, p. 36.

136 Ignácio de Loyola Brandão, *Leite de Rosas: uma história*, São Paulo, DBA, 2003.

137 A esse respeito ver o livro de Durval M. de Albuquerque Junior, op. cit.

138 *Careta*, 6 de junho de 1925, p. 16; e 3 jan. 1925, pp. 4 e 10.

139 Termo inspirado no livro de José Guilherme Magnani, *Festa no pedaço*, São Paulo, Brasiliense, 1984.

140 R. Ramos, op. cit., p. 30.

141 Há vários textos de Georges Vigarello sobre o assunto. Por exemplo, *Le sain et le malsain*, Paris, Seuil, 1992.

142 "Banhos de mar", em *Revista da Semana*, n. 46, 25 dez. 1915.

143 Termas em Poços de Caldas, Caxambu, Lambari e Cambuquira. Ver João do Rio, *A correspondência de uma estação de cura*, 2. ed., Lisboa/Rio de Janeiro, Cia. Ed. Americana/Francisco Alves, s.d.

144 Alguns medicamentos serviam para "ajudar" o organismo a fazer sua obra, supondo, portanto, que ele não conseguia fazê-lo sem a ajuda de produtos como o Nervita, o Composto Ribott, as pastilhas Sargol etc.

145 *Fon-Fon*, 8 set. 1917.

146 *Revista da Semana*, n. 11, 11 mar. 1922.

147 "Preceitos de higiene", em *Revista da Semana*, n. 11, 12 mar. 1921.

148 Raquel Abrantes Pego, "A indústria farmacêutica no Brasil", em *Saúde e trabalho no Brasil*, IBASE, Petrópolis, Vozes, 1982, p. 93.

NOTAS

149 Peter N. Stearns, *Fat History: Bodies and Beauty in the Modern West*, New York, New York University Press, 2002.

150 Vigarello demonstra o quanto aqueles dois princípios comandam há séculos os cuidados corporais. Georges Vigarello, *Le sain et le malsain*, op. cit., p. 7.

151 Anúncio frequentemente publicado na *Revista da Semana* durante o ano de 1921.

152 Renato Kehl, *A cura da fealdade*, São Paulo, s/e, 1923, p. 203.

153 Renato Kehl, *Formulário da beleza (fórmulas escolhidas)*, Rio de Janeiro, Francisco Alves, 1927, p. 45.

154 Mariza Romero, *Medicalização da saúde e exclusão social*, São Paulo, Edusc, 2002.

155 Silvana V. Goellner, *Bela, maternal e feminina: imagens da mulher na Revista Educação Physica*, Ijuí, Unijuí, 2003.

156 Sociedade Eugênica de São Paulo, *Annaes de Eugenia*, São Paulo, Revista do Brasil, 1919, p. 150.

157 Renato Kehl, op. cit., p. 15.

158 "A maneira de Sparta. A mulher de amanhã", em *Revista da Semana*, n. 24, 21 jul. 1917.

159 "Nosso corpo", em *Eu sei tudo*, n. 1, jun. 1920, p. 123.

160 Afrânio Peixoto, *Noções de higiene*, 5. ed., Rio de Janeiro, Francisco Alves, 1932, p. 433.

161 Ver o texto de Orcy Nogueira, "Preconceito racial de marca e preconceito racial de origem (sugestão de um quadro de referência para a interpretação do material sobre relações raciais no Brasil)", em *Tanto preto quanto branco: estudo de relações raciais*, São Paulo, T. A. Queiroz, 1991.

162 Ver Lilia Moritz Schwarcz, *O espetáculo das raças: cientistas, instituições e questão racial no Brasil, 1870-1930*, São Paulo, Companhia das Letras, 1995; Pietra Diwan, *Raça Pura: uma história da eugenia no Brasil e no mundo*, São Paulo, Contexto, 2007; Luis Ferla, *Feios, sujos e malvados sob medida: a utopia médica do biodeterminismo (1920-1940)*, São Paulo, Alameda, 2009.

163 Ver Peter Fry, "Estética e política: relações entre 'raça', publicidade e produção da beleza no Brasil", em M. Goldenberg (org.), *Nu & vestido, dez antropólogos revelam a cultura do corpo carioca*, Rio de Janeiro, Record, 2002, p. 318; Lilia M. Schwarcz, "Nem preto nem branco, muito pelo contrário: cor e raça na intimidade", em Fernando A. Novais e Lilia M. Schwarcz (orgs.), *História da vida privada no Brasil*, São Paulo, Companhia das Letras, 1998, v. 4, p. 182.

164 *Fon-Fon*, n. 12, 14 mar. 1925.

165 F. Azevedo, "O segredo da marathona", em *Annaes de eugenia*, op. cit., p. 120.

166 *Eu sei tudo*, n. 7, dez. 1920.

167 *Eu sei tudo*, n. 4, set. 1920.

168 Mme. Drakopottine, *Tudo que as meninas solteiras e senhoras casadas devem saber*, 4. ed., Lisboa, Livraria Popular de Francisco Franco, 1928, p. 8.

169 Jorge Americano, op. cit., v. 2, p. 123. Sobre os concursos em São Paulo, ver Marcia Padilha, *A cidade como espetáculo*, São Paulo, Annablume, 2001, p. 37.

170 *Correio Paulistano*, 14 out. 1893, p. 1.

171 *Revista da Semana*, ano XVI, n. 45, 18 dez. 1915.

172 B. Magalhães, "Eugenia", em *Annaes de eugenia*, op. cit., p. 170.

173 Elaine Romero, *Estereótipos masculinos e femininos em professores de Educação Física*, dissertação de mestrado, São Paulo, USP, 1990, p. 18.

174 Ver, por exemplo, "A maneira de Sparta. A mulher de amanhã", em *Revista da Semana*, n. 24, 21 jul. 1917.

175 *Eu sei tudo*, n. 32, jan. 1920, pp. 13-4.

176 *Eu sei tudo*, n. 32, jan. 1920, p. 107.

177 *Eu sei tudo*, n. 1, jun. 1920, p. 10. Os anúncios das pastilhas de cocaína eram frequentes no final do século XIX. Ver, por exemplo, o *Correio Paulistano*, 3 jan. 1892, p. 2.

178 *Folha da Noite*, 29 ago. 1926, p. 3; sobre a repercussão de sua morte, ver *Diário Popular*, 24 e 28 ago. 1926, p. 1.

179 Barry Paris, *Louise Brooks*, trad. Aline Weill, Paris, PUF, 1993, p. 25.

180 "O valor da beleza em todas as idade", em *Fon-Fon*, n. 43, 1º fev. 1908.

181 Eclea Bosi, *Memória e sociedade: lembranças de velhos*, São Paulo, Companhia das Letras, 1994, p. 263.

182 *Eu sei tudo*, n. 34, mar. 1920, p. 52.

183 Xenia Miranda Salvetti, *Imprensa e propaganda na São Paulo dos anos 20: quotidiano das mulheres empobrecidas*, tese de doutorado, São Paulo, USP, 2011, p. 65, mimeo.

184 Lei n. 12.592, de 18 de janeiro de 2012. No seu parágrafo único está escrito que "Cabeleireiro, Barbeiro, Esteticista, Manicure, Pedicure, Depilador e Maquiador são profissionais que exercem atividades de higiene e embelezamento capilar, estético, facial e corporal dos indivíduos".

185 Desenvolvemos uma história da masculinidade brasileira, incluindo o medo da calvície e da impotência, no texto "Masculinidade e virilidade entre a Belle Époque e a República", em Mary Del Priore e Marcia Amantino (orgs.), *História dos homens no Brasil*, São Paulo, Unesp, 2013, pp. 245-66.

186 Luis Edmundo, *O Rio de Janeiro no tempo dos vice-reis*, Brasília: Senado Federal, 2000, p. 427.

187 *Fon-Fon*, 4 jan. 1908.

188 Segundo um manual francês intitulado *A arte de se pentear*, de 1828, com a calvície "o cérebro se inflama" e as faculdades da inteligência são expostas a um ardor contínuo, propício à reflexão, especialmente quando ainda se é jovem. Claudine Chevrel e Béatrice Cornet, *Grain de beauté, un siècle de beauté par la publicité*, Paris, Somogy, 1993, p. 100.

189 *Jornal do Comércio*, 24 ago. 1926, p. 8.

190 *Jornal do Comércio*, 14 out. 1926, p. 10.

191 *O Rio Nu*, 14 nov. 1911, p. 5.

192 Claudine Chevrel e Béatrice Cornet, *Grain de beauté, un siècle de beauté par la publicité*, Paris, Somogy, 1993, p. 82.

193 Jósa Magalhães, *Medicina folclórica*, Fortaleza, Imprensa Universitária do Ceará, 1966, p. 93.

194 *Diário Popular*, 9 ago. 1922, p. 3.

195 *Jornal Commercio do Amazonas*, 18 jul. 1899, p. 7.

196 *Jornal do Comércio*, 10 jan. 1924 e 25 maio 1924.

197 *A Capital*, Salvador, 20 set. 1926, p. 5.

198 *Fon-Fon*, 20 ago. 1910, p. 36.

199 *O Rio Nu*, 15 dez. 1900, p. 8.

200 Heraldo Barbuy, *O beco da cachaça*, São Paulo, Fagundes, 1936, p. 67.

201 Umberto Eco, *História da feiura*, trad. Eliana Aguiar, Rio de Janeiro, Record, 2007.

202 Arthur Schopenhauer, *Pensée et fragments*, 16. ed., trad. J. Bourdeau, Paris, Félix Alcan, 1900.

203 Ver, por exemplo, *O Rio Nu*, dez. 1916, p. 2.

204 *Revista da Semana*, 19 abr. 1952, p. 43.

205 *Revista da Semana*, 21 abr. 1934, p. 27.

206 *Revista da Semana*, 8 fev. 1936.

207 *Revista da Semana*, 6 ago. 1932, p. 33.

208 *Revista da Semana*, 8 abr. 1933, p. 37.

209 Mariza Corrêa, "Eugenia no calor da hora", em *História, Ciências, Saúde-Manguinhos*, v. 13, n. 2, jan./jun. 2006. Disponível em: <http://www.scielo.br/scielo.php?script=sci_arttext&pid=S0104-59702006000200016&lang=pt>. Acesso em: 9 jun. 2014.

210 João da Maia, "Em torno do banimento da ex-família imperial", em *Fon-Fon*, 31 jul. 1920, p. 1.

211 *Fon-Fon*, 14 jul. 1923, p. 20.

212 *Fon-Fon*, 5 dez. 1936, p. 16.

213 Disponível em: <http://www.comciencia.br/reportagens/negros/08.shtml>. Acessado a última vez em 20 maio 2013.

214 *Cinelândia*, n. 202, 1ª quinzena, abr. 1961, p. 66.

215 *Elite*, 20 jan. 1924.

216 *A Voz da Raça*, 17 mar. 1934, p. 5.

217 *Tribuna Negra*, 1ª quinzena, set. 1935, p. 4.
218 "Preconceitos de cor", em *Revista da Semana*, 19 abr. 1952, p. 9.
219 Trabalho pioneiro sobre essa história é o de Maria Aparecida Lopes, *Beleza e ascensão social na imprensa negra paulistana, 1920-40*, dissertação de mestrado, São Paulo, PUC-SP, 2002, p. 64.
220 A'Lelia Bundles, *Madam C. J. Walker, entrepreneur*, New York, Chelsea House, 2008, p. 26.
221 A esse respeito ver Juliette Sméralda, *Du cheveu défrisé au cheveu crépu, de la desidentification à la revendication*, Paris, Anibwe, 2007.
222 Ver o estudo de Giovana Xavier, "Segredos de penteadeira: conversas transnacionais sobre raça, beleza e cidadania na imprensa negra pós-abolição do Brasil e dos Estados Unidos", em *Estudos Históricos*, Rio de Janeiro, v. 26, jul./dez. 2013. Disponível em: <http://www.scielo.br/scielo.php?pid=S0103-21862013000200009&script=sci_arttex>. Acesso em: 9 jun. 2014.
223 *O Combate*, 4 jan. 1928, p. 2.

2. "SÓ É FEIO QUEM QUER"

1 Anúncio do Regulador Xavier, em *Revista da Semana*, 12 out. 1940, p. 13.
2 *Revista da Semana*, 1º fev. 1930, p. 9.
3 Maria Izilda Matos e Andrea Borelli, "Espaço feminino no mercado produtivo", em Carla B. Pinsky e Joana M. Pedro (orgs.), *Nova história das mulheres no Brasil*, São Paulo, Contexto, 2012, p. 134.
4 *Fon-Fon*, 17 fev. 1945, p. 65.
5 Louis W. Banner, *American Beauty*, Chicago, University of Chicago Press, 1983, p. 272.
6 Vários desses *jingles* podem ser escutados no site: <http://www.seculovinte.com.br/pt/reclames_radio/index.php>.
7 V. Dengel, *Agarre seu homem*, trad. Suzana Flag, Rio de Janeiro, Gráfica Cruzeiro, 1949, pp. 43-8.
8 Clarice Lispector, *Só para mulheres*, seleção de Aparecida Nunes, Rio de Janeiro, Rocco, 2008.
9 Peter Greic, "Elegancia Masculina", em *Revista da Semana*, 13 dez. 1930, p. 6.
10 Antonio Pedro Tota, *O imperialismo sedutor: a americanização do Brasil na época da Segunda Guerra*, São Paulo, Companhia das Letras, 2000, p. 59.
11 Carla Bassanezi, "Mulheres dos Anos Dourados", em Mary del Priore (org.), *História das mulheres no Brasil*, São Paulo, Unesp/Contexto, 1997, p. 613.
12 Marcílio A. Camacho, *Mil e um segredos das artistas de Hollywood*, São Paulo, Cleópatra, 1958, pp. 235-6.
13 Ver, por exemplo, o filme *Diamonds are a girl's best friend* (Os homens preferem as loiras), dirigido por Hoard Hanks, de 1953, com Marilyn Monroe e Jane Russel.
14 *Careta*, 4 dez. 1954, p. 4.
15 Disponível em: <http://jborgesbrasil.blogspot.com.br/2008_09_01_archive.html>. Acesso em: 18 mar. 2014.
16 M. A. Camacho, *As mais belas vedettes do Brasil*, São Paulo, Cleópatra, s/d, p. 13.
17 Louise Foxcroft, *A tirania das dietas*, trad. Luís Carlos Borges, São Paulo, Três Estrelas, 2013, p. 207.
18 Dengel, op. cit., p. 116.
19 Carol Dyhouse, *Glamour, Women, History, Feminism*, New York, Zed Books, 2011, p. 111. Ver também Rudolf Piper, *Garotas de papel*, São Paulo, Global, 1976.
20 H. de Irajá, *Sexo e beleza*, 2. ed., Rio de Janeiro, Freitas Bastos, 1932, p. 42. Helena Sangirardi, *Coleção feminina*, São Paulo, Samambaia, 1968, p. 48.
21 Sobre as revistas femininas dessa época e sobre as imagens de mulheres, ver Carla Bassanezi Pinsky, *Mulheres dos Anos Dourados*, São Paulo, Contexto, 2014.
22 Hilária Machado, "Prova de fogo", em *Capricho*, n. 44, out. 1955, p. 6.

23   Sobre a exposição da vida privada na época atual, ver o livro de Paula Sibilia, *O show do eu: a intimidade como espetáculo*, Rio de Janeiro, Nova Fronteira, 2008.

24   Ver Carla Bassanezi, op. cit, p. 58.

25   Desenvolvemos essa ideia em "Sempre bela", em Joana M. Pedro e Carla B. Pinsky (orgs.), *Nova história das mulheres no Brasil*, São Paulo, Contexto, 2012.

26   Joaquim Ferreira dos Santos, *Feliz 1958: o ano que não devia terminar*, 7. ed., Rio de Janeiro, Record, 1997, pp. 149-50.

27   Rachel de Queiroz, *Dôra, Doralina*, São Paulo, Siciliano, 1992, p. 12.

28   *Cinelândia*, maio 1953, p. 26.

29   Sobre Marilyn Monroe, ver, por exemplo, Edgard Morin, *Les stars*, Paris, Galilée, 1984, p. 207.

30   Alain Silver e Hames Ursini, *Film noir*, Paris, Taschen, 2004, p. 53.

31   Jon Savage, *A criação da juventude*, Rio de Janeiro, Rocco, 2009, pp. 484-7.

32   Antoine de Baecque, "Projections: la virilité à l'écran", em Jean-Jacques Courtine et al., *Histoire de la virilité*, Paris, Seuil, 2011, v. 3, p. 448.

33   "O poder de compra que os jovens guardam", em *Propaganda*, out. 1966, p. 57.

34   "População jovem no Brasil: a dimensão demográfica", IBGE. Disponível em: <http://www.ibge.gov.br/home/estatistica/populacao/populacao_jovem_brasil/comentario1.pdf>. Acesso em: 10 mar. 2014.

35   "Uma invasão de rapazes", em *Querida*, 1ª quinzena, n. 54, fev. 1955, p. 32.

36   Lidia Noemia S. dos Santos, *A invenção da juventude transviada no Brasil (1950-70)*, dissertação de doutorado, São Paulo, PUC-SP, 2013.

37   Jon Savage, op. cit., p. 484.

38   *Cinelândia*, n. 129, mar. 1958, p. 13.

39   Ida Uchoa, "A batalha da beleza", em *Manchete*, n. 108, 15 maio 1954, p. 32.

40   *Cinelândia*, n. 92, 1ª quinzena, set. 1956, p. 61.

41   Wilson Figueiredo, "O Brasil de Juscelino, 50 anos em 5", em *Nossa História*, Rio de Janeiro, n. 23, 2005, p. 13.

42   Juca Chaves, "Presidente bossa-nova", 1968.

43   "James Dean", em *Cinelândia*, n. 72, nov. 1955, p. 54.

44   *Querida*, maio 1963, pp. 84-5.

45   *Cinelândia*, jun. 1958, p. 13; maio 1959, pp. 46-7; jun. 1959, p. 10.

46   *Cinelândia*, n. 151, mar. 1959, p. 52.

47   "O glamour está saindo de moda", em *Cinelândia*, n. 203, abr. 1961, p. 42.

48   Marcelle Segal, "A arte de ser feia", em *Querida*, n. 81, out. 1957, p. 66.

49   *Capricho*, n. 109, mar. 1961, p. 61.

50   Aracoeli G. Pinheiro, *Conselhos à minha filha*, Rio de Janeiro, Bruno Buccini, 1961, p. 20.

51   Sobre a sexualidade e a mídia naqueles anos existem inúmeros trabalhos. Ver, por exemplo, Roselane Neckel, *Pública vida íntima: a sexualidade nas revistas femininas e masculinas (1969-1979)*, tese de doutorado, São Paulo, PUC-SP, 2004; Gisele B. Gellacic, *Despindo corpos: sexualidade, emoções e novos significados do corpo feminino no Brasil entre 1961-1985*, tese de doutorado, PUC-SP, 2014; Tania Regina de Luca, "Mulher em revista", e Carla B. Pinsky, "A era dos modelos flexíveis", em Carla B. Pinsky e Joana M. Pedro, op. cit., pp. 447-69 e 513-43.

52   *Cláudia*, jun. 1964, p. 93.

53   Maria Lucia Dahal, "O espelho da sedução", em O. Niemeyer et al., *A sedução*, Rio de Janeiro, Terceira Margem, 1989, p. 48.

54   Hugo Schlesinger, *Enciclopédia da indústria brasileira*, São Paulo, Brasiliense, 1959, v. 4, p. 1382; "No reino dos avon, factor, lopes e bozzano", em *Anuário Bannas*, 4. ed., São Paulo, Banas, 1963, p. 127.

55   Hugo Schlesinger, op. cit., pp. 1383-4.

56   M. Zarza, "Cosmética ultrapassa barreira da crise e deixa de ser supérflua", em *Aeorosol e Cosméticos*, p. 15.

57 Sobre esse tema em São Paulo, ver Anthoula Fyskatoris, *A democratização da moda em São Paulo, 1950-2001*, tese de doutorado, São Paulo, PUC-SP, 2012.

58 Nelson Rodrigues, *O óbvio ululante: primeiras confissões*, São Paulo, Companhia das Letras, 1993, p. 143.

59 *Querida*, n. 81, out. 1957, p. 10.

60 *O Cruzeiro*, 25 out. 1952.

61 *Querida*, n. 75, jul. 1957, pp. 10-9.

62 Idem, pp. 50-82.

63 *Cinelândia*, 1ª quinzena, nov. 1962, p. 59.

64 *Querida*, maio 1967, p. 29. Sobre a diversidade da moda brasileira e sua história, ver, por exemplo, Silvana Gontijo, *80 anos de moda no Brasil*, Rio de Janeiro, Nova Fronteira, 1987.

65 *Cinelândia*, números de maio e junho de 1952.

66 *Querida*, n. 50, jun. 1956, 2ª quinzena, p. 57.

67 "O verdadeiro glamour", em *Cinelândia*, n. 233, jul. 1962, 2ª quinzena, p. 79.

68 *Querida*, n. 125, 2ª quinzena, jan. 1957, p. 80.

69 *Querida*, n. 124, 1ª quinzena, jan. 1958, p. 79.

70 *Claudia*, dez. 1966, p. 30.

71 Dr. Carlos Alberto de Souza, "Beleza, do ponto de vista de um medico. Mulheres feias?", em *Querida*, n. 214, abr. 1963, p. 44-5.

72 Thérèse Hermann, *La dermatologie au XIXe siècle*, tese de doutorado, Paris, Universidade de Paris VI, 1977.

73 L. T. Schonagen, "Le rôle de l'humidité naturelle dans la physiologie de la peau senescente", em *Les Archives de biochimie e cosmétologie*, n. 35, 1961, p. 15.

3. O DIREITO À BELEZA

1 "A incrível moda masculina", em *Veja*, 15 jan. 1969, p. 49.

2 Cf. Carlos Eduardo Monteiro Prates, *"Não compre gravata de nó pronto": a trajetória do jornalista Fernando de Barros na moda masculina*, dissertação de mestrado, São Paulo, Senac, 2011, p. 85.

3 *Veja*, 24 nov. 1971, pp. 64-5.

4 *Jornal Feminino*, n. 83, ano IV, Lisboa, 1º maio 1961, p. 23.

5 Beatriz Preciado, *Pornotopie, Playboy et l'invention de la sexualité multimedia*, Paris, Flammarion, 2011.

6 "Como eles vivem…", em *Cinelândia*, n. 76, jan. 1956, pp. 37-9.

7 *Claudia*, jul. 1966, p. 44.

8 Joan Jacobs Brumberg, *The body project*, New York, Random House, 1997, p. 80.

9 Sobre a barriga feminina na história, ver nosso artigo "Da gordinha à obesa. Paradoxos de uma história das mulheres", em Revista *Labrys, Estudos feministas*, jan./jun. ,2014.

10 "Sucesso soletra-se su-sexo", em *Cinelândia*, 1ª quinzena, jul. 1964, p. 10.

11 Sobre a história do bronzeamento, ver Bernard Andrieu, "L'invention du bronzage", em B. Andrieu et al., *La peau, enjeu de société*, Paris, CNRS, 2008, pp. 81-97.

12 Anúncio presente na revista *Claudia*, em set. 1966, p. 87.

13 Vinicius de Moraes, *Antologia poética*, São Paulo, Companhia das Letras, 2009, pp. 292-3.

14 Denise B. de Sant'Anna, *Uma história de peso, gordos e magros ao longo de um século*, São Paulo, Estação Liberdade, no prelo.

15 "Anote esta formula para uma cura de beleza: H2O", em *Claudia*, jan. 1966.

16 Ver, por exemplo, "O segredo dos regimes", em *Claudia*, n. 12, set. 1962, p. 85.

17 Jean Kroptoszynski, "Edulcorantes x açúcar", em *Propaganda*, abr. 1969, p. 7.

18 *Claudia*, set. 1969, p. 58.

19 *Pasquim*, n. 22, 1969, p. 11.

20 A esse respeito, ver Joana Maria Pedro, "Os feminismos e os muros de 1968 no Cone Sul", em *Revista de Pesquisa Histórica*, n. 26-1, 2008, pp. 59-82.

21 *Querida*, 1ª quinzena, mar. 1964, p. 44.

22 Helena Silveira, "O que fazer com o marido infiel?", em *Claudia*, nov. 1961, p. 92.

23 Carmen da Silva, *A arte de ser mulher*, 3. ed., Rio de Janeiro, Civilização Brasileira, 1968, pp. 211-2.

24 "Infidelidade: duas pesquisas", em *Claudia*, maio 1963, pp. 64-7.

25 *Realidade*, n. 84, mar. 1973, pp. 51-4.

26 Idem, p. 52.

27 Ver, por exemplo, *Querida*, n. 231, jan. 1964, p. 30.

28 Filme americano de 1975, dirigido por Hal Ashby.

29 Dorothy S. Faux, op. cit., p. 190.

30 Sobre a juventude nesse momento e a cultura de atividades como o *surf* e o *skate*, ver Leonardo Brandão, *Por uma história dos "esportes californianos" no Brasil: o caso da juventude skatista (1970-1990)*, tese de doutorado, São Paulo, PUC-SP, 2012.

31 "Vegetais na pele", em *Veja*, 22 ago. 1973.

32 *Veja*, 6 fev. 1985, p. 56.

33 *O Cruzeiro*, 22 dez. 1951.

34 *Claudia*, nov. 1965.

35 *Veja*, 28 ago. 1974, p. 96.

36 "O apelo da natureza", em *Veja*, n. 857, 6 fev. 1985, p. 55.

37 *Pop*, n. 36, out. 1975, p. 61.

38 Sobre a diferença das tarefas e dos treinos entre os dois sexos, ver, por exemplo, Albertina de Oliveira Costa et al., *Memórias do exílio (depoimentos)*, São Paulo, Paz e Terra, 1980, p. 113.

39 Zuenir Ventura, *1968, o ano que não terminou – a aventura de uma geração*, 8. ed., Rio de Janeiro, Nova Fronteira, 1988, p. 62.

40 Alfredo Sirkis, *Os carbonários: memórias da guerrilha perdida*, São Paulo, Global, 1980, p. 57.

41 Idem, p. 101; ver, também, Fernando Gabeira, *O que é isso, companheiro?*, Rio de Janeiro, Codecri, 1979.

42 Denise B. de Sant'Anna, *La recherche de la beauté*, op. cit., pp. 482-92.

43 Alfredo Sirkis, op. cit., p. 55.

44 *Pop*, n. 36, out. 1975, pp. 13-4.

45 *Pop*, n. 52, fev. 1977, pp. 4-8.

46 *Pop*, n. 52, fev. 1977, p. 26.

47 "O talco fatal", em *Veja*, n. 209, 6 set. 1972, p. 75.

48 Ver, por exemplo, Lei n. 6.360, de 23 set. 1976, e Decreto n. 79.094, de 5 jan. 1977.

49 A revista *Parfums, cosmétiques et savons de France* ilustra bem essa tendência ao longo da década de 1970.

50 "Leis e regulamentos", em *Aerosol e cosméticos*, n. 29, set./out. 1983, pp. 6-9.

51 Resolução normativa n. 1, 30 out. 1978, em *Aerosol e cosméticos*, n. 5, set./out. 1979, p. 44.

52 "De higiene se pode morrer", em *Visão*, 25 ago. 1980, p. 60.

53 "Corra mas não morra", em *Manchete*, 28 ago. 1982, p. 108; na mesma revista: "Dr. W. Gualtieri, Correr é viver ou morrer?", 15 jan. 1983, pp. 130-1; "Correr pode provocar impotência", 9 nov. 1985, p. 114; "Ginástica, use, não abuse", 23 abr. 1983, p. 72.

54 "Sábado à noite", em *Manchete*, 12 ago. 1978, p. 73.

55 *Veja*, 29 jan. 1986, p. 55.

56 Idem.

57 Disponível em: <http://www.abihpec.org.br/wp-content/uploads/2012/anuario/abihpec_2010.pdf>. Acesso em: 3 nov. 2013.

58 Ver "Culto à beleza engorda faturamento", em Folha Classificados, *Folha de S.Paulo*, 30 set. 2001, p. 1.

4. REINO E RUÍNA DO CORPO

1 *Nova*, n. 12, set. 1974.

NOTAS

2 "Mercado de cosmético no Brasil", em *Perfumaria III*, Hemeroteca da Fiesp, Pasta 18.

3 *Claudia*, n. 75, dez. 1967, p. 152.

4 Trata-se de uma entrevista com o professor Lester A. Kirkendall realizada por James L. Collier.

5 Idem.

6 Ver o estudo feito por Juliana Fleig Bueno, *A mulher (re)paginada: as representações da "nova mulher" e o discurso de beleza na revista Nova Cosmopolitan na década de 1980*, dissertação de mestrado, UFPR, 2013.

7 Filme de Mike Nichols.

8 Denise Alves, *O desencontro marcado, a velha-mulher-nova e o machão-moderno*, Petrópolis, Vozes, 1985, p. 131.

9 T. Gomes Pinto, "Finalmente o nu posto a nu", em *IstoÉ*, ago. 1976, p. 70.

10 Quelen Cristina T. Pedro, *Uma odisseia pelo corpo feminino na revista Claudia: de 1961 a 2001*, dissertação de mestrado, São Paulo, Unip, 2005, p. 122.

11 Ver, por exemplo, Glenda Mezarobba, "O outono do macho", em *Veja*, 28 maio 1997, p. 90.

12 Florence Tamagne, "Mutations homosexuelles", em Jean Jacques Courtine et al., *Histoire de la virilité*, v. 3, Paris, Seuil, 2011, p. 355.

13 *Veja*, 24 ago. 1977, p. 70.

14 Dagmar Serpa, "Lindos de morrer". Disponível em: <http://veja.abril.com.br/240698/p_095.html>. Acesso em: 18 dez. 2013.

15 Anna Paula Buchalla, "O triunfo da vaidade masculina". Disponível em: <http://veja.abril.com.br/110603/p_114.html>. Acesso em: 9 jun. 2014.

16 Denise B. de Sant'Anna, *O prazer justificado: história e lazer, 1969-79*, São Paulo, Marco Zero, 1995.

17 Alain Ehenberg, *Le culte de la performance*, Paris, Calmann-Lévy, 1991.

18 Denise B. de Sant'Anna, op. cit., pp. 93-5.

19 Beth Deiró, "Correr, a saúde está na moda", em *Nova*, n. 45, jun. 1977, p. 86.

20 Marcomede Rangel Nunes, "Esporte: instrumento de dominação pedagógica", em Gilda Dieguez (org.), *Esporte e poder*, Petrópolis, Vozes, 1985, p. 69.

21 *Política Nacional de Educação Física: fundamentos e diretrizes: Roteiro*, Ministério de Educação e Cultura, 1975, p. 27.

22 Maria Celeste Mira, *O leitor e a banca de revistas: a segmentação da cultura no século xx*, São Paulo, Fapesp, Olho d'água, 2003, p. 186.

23 *Fame*, filme de 1980, dirigido por Alan Parker, e *Flashdance*, de 1983, dirigido por Adrian Lyne.

24 *Manchete*, 22 jan. 1983, p. 82.

25 "Não se fazem mais bicicletas como antes", em *Exame*, n. 72, set. 1973, pp. 41-6.

26 Idem.

27 "Água, corpo e saúde. É a fórmula do verão", em *Manchete*, 17 out. 1981, p. 34.

28 "O poder dos músculos", em *Veja*, 28 set. 1983, p. 73.

29 Alex Fraga, "Anatomias emergentes e o bug muscular", em Carmen Soares (org.), *Corpo e história*, 3. ed., Campinas, Autores Associados, 2006, p. 67.

30 Silvana V. Goellner, "Entre o sexo, a beleza e a saúde: o esporte a cultura fitness", em *Labrys*, jun./dez. 2006. Disponível em: <http://www.tanianavarroswain.com.br/labrys/labrys10/riogrande/silvana.htm>. Acesso em: 1º mar. 2014.

31 Ilana Strozenberg (coord.), *De corpo e alma*, Rio de Janeiro, Comunicação Contemporânea, 1986.

32 *Manchete*, 26 jun. 1982, pp. 78-80.

33 *Nova*, nov. 1990, p. 45.

34 "Top models: l'overdose", em *L'évenement du jeudi*, 26 abr. 1995, p. 56.

35 Ver Michael Gross, *Model: The ugly business of beautiful women*, New York, W. Morrow and Company, 1995.

36 André Zonana, *Le marché brésilien de la parfumerie, des cosmétiques et de l'hygiène*, Paris, Centre Français du Commerce Extérieur, 1990, p. 29.

37 Idem, p. 39.

38 "Ufa! Beleza se compra", em *Exame*, n. 460, 22 de agosto de 1990, p. 90.

39 Idem, pp. 90-1.

40 Disponível em: <http://www.anvisa.gov.br/cosmeticos/material/cosmetico_infantil.pdf>. Acesso em: 3 mar. 2014.

41 Disponível em: <http://www.abihpec.org.br/wp-content/uploads/2012/anuario/abihpec_2010.pdf>. Acesso em: 3 nov. 2013.

42 "Culto à beleza engorda faturamento", em Folha Classificados, Tudo, *Folha de S.Paulo*, 30 set. 2001, p. 1.

43 Disponível em: <http://www.jn.pt/PaginaInicial/Mundo/Interior.aspx?content_id=1998245>. Acesso em: 10 jan. 2014.

44 Disponível em: <http://www.dn.pt/inicio/pessoas/interior.aspx?content_id=1909679>. Acesso em: 10 jan. 2014.

45 Ver Paula Sibilia, "A arma de guerra chamada Barbie". Disponível em: <http://p.php.uol.com.br/tropico/html/textos/2891,1.shl>. Acesso em: 9 jun. 2014.

46 Elizabeth Haiken, *Venus envy*, London, J. Hopkins,1997, p. 4. Ver também Sander L. Gilman "L'incroyable histoire de la chirurgie esthétique", em A. Taschen, *La chirurgie esthétique*, Paris, Taschen, 2005, pp. 84-5.

47 *Nova*, ago. 1985, p. 33.

48 Reportagem de Cilene de Castro, em *Plástica e Beleza*, n. 11, jan./fev. 1999, pp. 11-5.

49 Ana Paula Naves, "Beleza sem culpa", em *Eclésia*, n. 61, dezembro de 2000, pp. 46-52.

50 A autora também publicou sobre essa história nos livros: B. Andrieu e G. Boëtsch (org.), *Dictionnaire du corps*, Paris, CNRS, 2008, pp. 72-4; Flavia Regina Marquetti e Pedro Paulo Funari, *Corpo a corpo: representações antigas e modernas da figura humana*, São Paulo, Fap-Unifesp, 2014.

51 A respeito de Rebello Neto e dos pioneiros da cirurgia plástica no Brasil, ver Moisés Wolfenson, *Um século de cirurgia plástica no Brasil: mestres vivos da cirurgia plástica e suas escolas*, Porto Alegre, Imagens da Terra, 2005.

52 Sydney Ohana, *Histoire de la chirurgie esthétique*, Paris, Flammarion, 2006, p. 209.

53 Alex Kuczynski, *Beauty junkies*, New York, Random House, 2006, p. 258.

54 Carlos Alberto de Souza "Cirurgia plástica, a melhor época", em *Querida*, 1ª quinzena, de maio de 1963, pp. 88-89.

55 Ver, por exemplo, o conto "Casa sem amor", em *Querida*, maio 1967, p. 50.

56 Sobre o tema, o livro de Alexander Edmonds é fundamental: A. Edmonds, *Pretty Modern: beauty, sex and plastic surgery in Brazil*, Durham, Duke University Press, 2010. Do mesmo autor, ver "No universo da beleza: notas de campo sobre cirurgia plástica no Rio de Janeiro", em Mirian Goldenberg (org.), *Nu & vestido: dez antropólogos revelam a cultura do corpo carioca*, Rio de Janeiro, Record, 2002, pp. 189-263.

57 *Veja*, 1º ago. 1979, p. 44.

58 Sobre esse tema e as diferenças entre mulheres pobres e ricas, ver, por exemplo, Joana de Vilhena Novaes, *O intolerável peso da feiura, sobre as mulheres e seus corpos*, Rio de Janeiro, PUC/Garamond, 2006, p. 149.

59 Jerôme Goffette, *Naissance de l'anthropotechnie: de la medicine au modelage de l'humain*, Paris, Vrin, 2006, pp. 9-11.

60 Idem, pp. 9-10.

61 Sobre o desejo de potencializar o corpo, ver Edvaldo Souza Couto, *O homem-satélite*, tese de doutorado, Campinas, Unicamp, 1998.

62 "A medicina da beleza", em *Veja*, 15 abr. 1981.

63 *Folha de S.Paulo*, caderno Mais!, 16 jun. 1996, p. 14.

64 A. Veiga, "Retoque sem faca", em *Veja*, 20 maio 1998, pp. 90-1.

65 François Nénim, "Injections antirides, le prochain drame de santé publique?", em *Marianne*, jan./fev. 2012, p. 76.

66 Disponível em: <http://www.estadao.com.br/noticias/geral,anvisa-apura-infeccao-de-micobacteria-em-videocirurgias,222192,0.htm>. Acesso em: 20 mar. 2014.

67 Iara Biderman, "Em busca da vagina perfeita", em *Folha de S.Paulo*, 28 ago. 2012.

68 Um dos resultados dessa atenção inovadora à aparência da vagina é o aumento de publicações a seu respeito. Um exemplo é o recente livro de Naomi Wolf, *Vagina: a new biography*, New York, Ecco, 2012.

69 Reportagem de Marcelo Marthe para a *Veja on-line*, 7 fev. 2001. Disponível em: <http://veja.abril.com.br/070201/p_118b.html>. Acesso em: 9 jun. 2014.

70 Micael Herschmann, *O funk e o hip-hop invadem a cena*, 2. ed., Rio de Janeiro, UFRJ, 2005, p. 282.

71 *Revista O Globo*, n. 345, 6 mar. 2011.

72 A expressão "turbinada" já era usada para referir-se a medicamentos, automóveis e alimentos que, de algum modo, sofreram o aumento de suas potências. Também há referências à economia globalizada após os anos 1980 como típica de um capitalismo turbinado, como em Edward Luttwak, *Turbocapitalismo, perdedores e ganhadores na economia globalizada*, trad. Maria Abramo Caldeira Brant e Gustavo Steinberg, São Paulo, Nova Alexandria, 2001.

73 Silvia Rogar, "Querida, expandi as rainhas", em *Veja*, 4 fev. 2009, p. 110.

74 "No pain, no gain" é uma das frases do Muscle (disponível em: <http://musclemassablog.site.br.com/?p=11339>, acesso em: 18 out. 2013), dentro do qual há dezenas de indicações sobre como ganhar peso e modelar o corpo com musculação e dietas.

75 Pascal Bruckner, "La nouvelle Ève", em Jérôme Garcin, *Nouvelles mithologies*, Paris, Seuil, 2007, pp. 39-41.

76 "O homem em nova pele", em *Veja*, 1º out. 2003, pp. 64-5.

77 *Veja*, 25 fev. 2004, p. 63.

78 Artigo de Sérgio D'Avila. Disponível em: <http://www1.folha.uol.com.br/folha/equilibrio/noticias/ult263u2622.shtml>. Acesso em: 9 jun. 2014.

79 Suzana Villaverde, "Barba, cabelo e botox", em *Veja*, 3 out. 2007, pp. 118-9.

80 Sobre a campanha, ver o artigo de Ciça Vallerio, "A vez das mortais", *O Estado de São Paulo*, Suplemento Feminino, F6, 11-12 fev. 2006.

81 Maxime Foerster, *Elle ou lui? Une histoire des transsexuels en France*, Paris, La Musardine, 2012.

5. ESPIAR O TEMPO

1 Elizabeth Azoulay (org.), *100.000 ans de beauté: future*, Paris, Gallimard, 2009, v. 5.

CADASTRE-SE
EM NOSSO SITE,
FIQUE POR DENTRO DAS NOVIDADES
E APROVEITE OS MELHORES DESCONTOS

LIVROS NAS ÁREAS DE:

História | Língua Portuguesa
Educação | Geografia | Comunicação
Relações Internacionais | Ciências Sociais
Formação de professor | Interesse geral

ou
editoracontexto.com.br/newscontexto

Siga a Contexto
nas Redes Sociais:
@editoracontexto